PAUL COTTIN

LORÉDAN LARCHEY

(1831 - 1902)

SOUVENIRS. — BIBLIOGRAPHIE

PARIS

LIBRAIRIE HENRI LECLERC

219, RUE SAINT-HONORÉ, 219

et 16, rue d'Alger.

1905

LORÉDAN LARCHEY

(1831-1902)

SOUVENIRS. — BIBLIOGRAPHIE

LORÉDAN LARCHEY
1831 - 1902
d'après une photographie de M. Jules Collin

PAUL COTTIN

LORÉDAN LARCHEY

(1831 - 1902)

SOUVENIRS. — BIBLIOGRAPHIE

PARIS

LIBRAIRIE HENRI LECLERC

219, RUE SAINT-HONORÉ, 219

et 16, rue d'Alger.

—

1905

LORÉDAN LARCHEY

Récemment disparu, Lorédan Larchey laisse une
œuvre considérable et qui lui assure une place distinguée parmi les érudits de la seconde moitié du XIXe siècle. Une bibliographie de ses travaux s'impose donc,
et nous remercions M. Georges Vicaire, directeur du
Bulletin du Bibliophile, d'avoir bien voulu nous confier
le soin de sa rédaction, en souvenir de l'affection dont
nous honorait le maître et l'ami envers lequel nous
sommes heureux d'acquitter une dette de reconnaissance.

Avant de mettre cette bibliographie sous les yeux du
lecteur, quelques pages d'introduction sont nécessaires.

Né à Metz le 26 janvier 1831, Etienne-Lorédan Larchey
était fils de François-Étienne Larchey, alors capitaine

d'artillerie, devenu général de division en 1855 (1), et
de Marie-Charlotte de Lacroix d'Hanonstadt, issue
d'une ancienne famille de Metz (2).

Après avoir terminé au lycée Saint-Louis, à Paris,
ses études commencées au collège de sa ville natale, il
songeait, en raison d'un goût prononcé et de dispositions
réelles pour le dessin, à embrasser la carrière artistique,
quand il en fut détourné par les conseils paternels, qui
lui firent craindre les déceptions. Bref, le 13 février 1849,
il s'engagea pour deux ans à La Fère, au 7ᵉ régiment d'artillerie dont son père était le lieutenant-colonel, et où il
n'accomplit qu'un service de six mois.

Revenu à Paris, il se fait inscrire, le 26 décembre 1849,
à l'École des Chartes, qu'il quitte au bout de la deuxième
année, et se fait attacher, le 30 juin 1852, en qualité de
surnuméraire, à la Bibliothèque Mazarine.

En 1854, éclate la guerre de Crimée : le général, son
père, ayant été chargé du commandement de la place
de Constantinople, L. Larchey sollicite et obtient du
Ministre de l'Instruction publique (29 décembre), une
mission dans cette ville. On l'adjoint à un savant, M. Le-
barbier, qui vient d'y être envoyé à la recherche des
manuscrits conservés dans les bibliothèques et les palais.

(1) Exactement le 3 février 1855. Il reçut à Constantinople la notifi-
cation du décret qui l'élevait à ce grade.

(2) Jacques Dominique de Lacroix (1696-1772), avocat au parlement
de Metz en 1717, procureur de Roi à la Table de Marbre de Metz en
1722, acquiert les seigneureries de Sancy, de Tronville et Mars la
Tour. Avocat du roi au bureau de finances de Metz en 1736, puis lieutenant-général de police, il avait épousé, en 1722, Anne de Belchamps,
fille d'un conseiller au parlement de Metz.

Son fils, Jean de Lacroix, capitaine de milice provinciale, épouse
Dlle Anne Georges et laisse trois enfants dont l'aîné est François-
Nicolas-Charles de Lacroix d'Hanonstadt, inspecteur des forêts, qui,
de son mariage avec Dlle Henriette de Marion, a une fille, Marie
Charlotte Virginie, mariée à François Étienne Larchey.

En réalité, l'objet de sa mission est de servir de secrétaire au général.

Il a rendu compte de ses impressions sur les Turcs et
la Turquie, dans un travail intitulé : *Un mois à Constantinople* (1856).

Rentré en France, il passe à la Bibliothèque Sainte-
Geneviève le 27 juin, avec un traitement de 1.200, puis
de 1.300 francs, mais revient à la Mazarine, sans appointements, le 23 janvier 1860. Ce n'est que quatre ans
après, le 12 février 1864, qu'un traitement de 1.800 francs
lui est accordé (1). Encore, n'acquiert-il le grade de
sous-bibliothécaire que le 23 janvier 1869. Il attend
quatre ans celui de bibliothécaire, avec lequel il entre,
le 3 janvier 1873, à la Bibliothèque de l'Arsenal, où il est
promu conservateur-adjoint le 15 janvier 1874, et conservateur le 4 mai 1880.

(1) C'est à cette occasion qu'en réponse à des remerciements du
général Larchey, Silvestre de Sacy lui écrivit la lettre suivante,
aussi honorable pour le père que pour le fils :

« *Paris, le 16 février 1864.*

« Mon général, j'ai été trop heureux de pouvoir faire quelque
chose pour mon confrère à la Bibliothèque Mazarine et mon ami
M. Larchey, votre cher fils, dont j'estime très haut le caractère et le
mérite. Il nous a déjà rendu beaucoup de services et il nous en
rendra de plus grands encore. Ce que l'on vient de faire pour lui
n'est que justice, en attendant mieux.

« Permettez - moi d'ajouter, mon général, que c'est un double
plaisir, pour moi, d'avoir obligé le père en obligeant le fils. Malgré
le peu de relations que j'ai eu avec vous, je vous connais assez, mon
général, pour savoir que vous avez droit au respect de tous ceux
qui honorent le patriotisme désintéressé et la modestie unie à l'éclat
des services militaires.

« C'est dans ces sentiments, mon général, que je suis et que je
serai toujours votre tout dévoué serviteur.

« S. DE SACY, de l'Académie française,

« Administrateur de la Mazarine ».

La mission à Constantinople n'est point la seule que lui confia le Ministre ; il l'envoya dans les archives communales du Nord et de l'Est, en novembre et décembre 1859 ; dans les archives communales du Sud, du Centre et de l'Ouest, en septembre et octobre 1860 ; à la Bibliothèque du palais de Fontainebleau, en août 1873 (1) ; à la Bibliothèque de la Faculté de Médecine de Montpellier, en septembre 1877 (2).

C'est au retour de cette dernière mission que, sur la demande de M. Armand du Mesnil, directeur de l'Enseignement Supérieur, il rédigea son *Instruction générale relative au service de Bibliothèques universitaires,* qui leur imposa le classement des livres d'après le système appliqué par Schrottinguer à la Bibliothèque royale de Munich, et vulgarisé par Sobolstchikoff dans sa brochure *Principes pour l'organisation et la conservation des grandes bibliothèques* (Paris, 1859). Il consiste en trois opérations principales : 1° Numérotage et placement des volumes, sans distinction de matières, à la suite les uns des autres, au fur et à mesure de leur arrivée. 2° Inscription de ces ouvrages sur un inventaire. 3° Établissement d'un catalogue alphabétique de noms d'auteurs, avec les renvois que les titres peuvent rendre nécessaires.

Cette méthode dont il avait fait valoir le mérite, onze

---

(1) C'est alors qu'il rédigea son *Rapport sur une collection de pièces curieuses relatives à l'histoire de France,* rapport qui lui valut les félicitations du ministre et qui fut inséré à l'*Officiel* et au *Bulletin du Ministère.* Il reçut, en outre, une indemnité de 500 francs.

(2) Le ministère venait d'octroyer une subvention de 1000 francs à cette Bibliothèque. La lettre officielle charge L. Larchey de s'entendre avec le recteur de l'Académie et avec le doyen pour proposer, ensuite, « les mesures que lui dictera sa longue expérience, afin d'entretenir, dans les différents services, les améliorations dont l'établissement est susceptible ».

ans auparavant, dans son *Petit Bulletin du Bibliothé-caire* (numéro de Mai 1866), fut, plus tard, introduite par lui dans les Bibliothèques Mazarine et de l'Arsenal.

Quant à son *Instruction générale*, elle fut plusieurs fois réimprimée. Elle avait été si appréciée en haut lieu, qu'il fut question de lui en demander une autre pour les Bibliothèques communales. Il l'avait déjà rédigée (sa minute est entre nos mains), quand le projet en fut abandonné.

Antérieurement, dès 1874, il avait présenté au Ministre, en collaboration avec MM. Trianon et Baudry, un mémoire sur le système de classement proposé par M. Comnos, conservateur de la Bibliothèque de l'Université à Athènes, mémoire qui lui valut des félicitations et des remerciements ; de plus, en 1876, à la demande de M. Édouard Gœpp, chef du Bureau des Bibliothèques populaires, il avait publié une *Instruction sommaire sur le classement des Bibliothèques populaires* qui fut insérée, avec l'*Instruction générale*, dans le *Recueil des lois, décrets, etc.*, concernant les Bibliothèques publiques (1883).

Deux ans après, le 11 septembre 1877, un arrêté le nommait membre de la Commission d'installation de l'Exposition de 1878. C'est à ce titre qu'il rédigea les tomes I et II du catalogue de cette Exposition, comprenant, outre l'Introduction et la Table, près de 10.000 mentions.

De pareils services le désignaient pour faire partie de la Commission centrale des Bibliothèques universitaires, dont il fut nommé membre le 31 janvier 1879, et où il resta jusqu'à sa mort, arrivée le 12 avril 1902.

Il avait pris sa retraite, comme conservateur honoraire à la Bibliothèque de l'Arsenal, le 24 janvier 1888, et était chevalier de la Légion d'Honneur depuis le 9 août 1877.

C'est en qualité de membre de la Commission centrale qu'il fut chargé, en 1880 et 1881, d'inspecter les bibliothèques universitaires d'Aix, Bordeaux, Clermont, Grenoble, Lyon, Montpellier et Toulouse, et, en 1882, celles de Besançon, Caen, Dijon, Douai, Nancy, Poitiers et Rennes.

Il eut, en outre, à s'acquitter de diverses missions particulières, notamment en janvier 1879, à Compiègne, où il s'agissait et d'assister à la remise du service de la Bibliothèque par M. de Lainel à M. Troubat, son nouveau chef, et de faire procéder à des travaux d'inventaire dont il avait signalé l'urgence. Il devait aussi choisir, dans les Bibliothèques de Compiègne et de Fontainebleau, « des ouvrages propres à constituer le premier fonds d'une bibliothèque pour le palais de l'Élysée ».

L'année suivante, il eut à reconnaître la situation de l'École Supérieure de Pharmacie dont le classement et les catalogues laissaient à désirer. En décembre 1880, le Ministre ayant eu besoin de renseignements sur la Bibliothèque du palais de Pau, pour les soumettre à la Commission du Budget, L. Larchey fut invité à la visiter, à faire connaître l'importance de ses collections et des services qu'elle pouvait rendre.

Deux ans après, en mai 1882, un livre de grande valeur ayant été dérobé à la Bibliothèque de Châteauroux, il dut non-seulement inspecter cet établissement, mais encore interroger l'individu qui avait cherché à vendre le volume. Mission dont il s'acquitta avec son tact ordinaire : les remerciements du Ministre, après lecture de son rapport, insistent sur « l'activité et la parfaite convenance apportées par lui dans la conduite de cette délicate affaire ».

Les félicitations ne lui ont, d'ailleurs, point manqué : la Commission centrale des Bibliothèques universi-

taires, entre autres, appréciait infiniment son concours,
et c'est dans la crainte de s'en voir priver que M. Dumont,
directeur de l'Enseignement Supérieur, lui écrivit, le
12 avril 1883 : « Le dévouement que vous avez apporté à
la création du service de nos Bibliothèques universitaires, la sollicitude dont vous avez constamment fait
preuve par une surveillance et des conseils officieux à
nos Bibliothécaires, me sont un sûr garant que vous
tiendrez à honneur d'achever l'œuvre commencée avec
tant de peine ». En fait, il peut être considéré comme le
créateur de ces Bibliothèques.

L'état de sa santé ne lui permit pas, malheureusement,
de satisfaire à des vœux aussi flatteurs, et, cette année
là, il dut s'abstenir de toute inspection.

La lettre que lui écrivit, à ce sujet, le 8 juin, le vice-
recteur de l'Université, M. Mourier, n'est pas moins faite
que la précédente pour donner une haute idée de l'estime dont il était l'objet de la part de ses collègues.
« Vous savez quel est mon regret de ne plus vous
retrouver dans nos réunions, lui écrivait-il. *L'Instruction*
de 1878 est votre œuvre. Si vous êtes absent, votre pensée
n'en est pas moins présente dans nos travaux. On est
heureux de trouver une compétence aussi distinguée que
la vôtre, et on est honoré d'être en rapport avec un si
loyal caractère. »

Cette loyauté s'était fait sentir en plus d'une occasion,
notamment au cours de l'inventaire des papiers des Tuileries, auquel il avait travaillé, douze ans auparavant, en
qualité de membre de la Commission, où il était entré
sur les instances de son confrère Mario Proth.

Il venait de classer les papiers militaires de la chambre de l'Empereur et de trier les lettres allemandes qui,
depuis, ont été analysées par H. Bordier, dans son
volume : *L'Allemagne aux Tuileries,* quand l'insertion

d'une lettre de Jules Sandeau, insertion à laquelle il n'avait eu aucune part et qu'il réprouvait comme susceptible de blesser son collègue de la Bibliothèque Mazarine, le décida à adresser sa démission au président Gagneur, par l'intermédiaire de son ami Ludovic Lalanne qu'il chargea d'exposer ses motifs par la lettre suivante :

« Mon cher ami,

« La lettre de Sandeau, que je trouve dans la nouvelle livraison (1), me fait courir, à la Mazarine, le risque que la mention de Monselet m'a déjà fait courir au journal, — celui de paraître vouloir blesser des confrères qui ont toujours été excellents pour moi.

« Vous savez, il est vrai, que je suis étranger à la publication des documents, mais vous auriez beau le répéter, que la masse restera toujours assez incrédule sur un point qui me touche particulièrement.

« La retraite me paraît donc l'unique moyen de me soustraire à une accusation que je serais désolé de mériter.

« Vous voudrez bien remettre ma démission et ma carte entre les mains du président... »

Les pages précédentes montrent que L. Larchey fut, avant tout, un Bibliothécaire. Passionnément épris de son métier (2) rompu à toutes ses difficultés, ayant fait, à maintes reprises, preuve de dévouement, d'expérience

(1) Lettre écrite par Sandeau à l'Empereur, en remerciement de l'envoi du premier volume de l'*Histoire de Jules César*.

(2) Il le resta jusqu'à son dernier jour : « Je n'ai qu'un regret, nous écrivait-il le 2 février 1889, c'est de n'avoir pas eu une petite bibliothèque tout seul, ou avec un ami comme vous. Espérons que l'autre monde me réserve ce dédommagement. J'y retrouverai d'excellents camarades auxquels je pense souvent en griffonnant les souvenirs du passé. Cela me fait une seconde jeunesse ! »

et de justesse dans les vues, il n'eût tenu qu'à lui
d'occuper la place de directeur dans une des grandes
Bibliothèques de Paris ; mais il refusa constamment
celles qui lui furent offertes.

Pourquoi, en revanche, celle d'Inspecteur général des
Bibliothèques, qu'on lui avait proposée sans qu'il l'eût
sollicitée, lui échappa-t-elle ? Nous l'ignorons. Mais ce
que nous savons pour le lui avoir entendu dire, c'est
qu'il eût consacré tout ce qu'il avait d'énergie, de
force et de santé à l'accomplissement de cette tâche pour
laquelle il était né et dont, en réalité, il s'acquittait depuis longtemps par délégation. Il eût certainement fait un
Inspecteur général modèle, et un des chagrins de sa vie
fut de ne l'avoir point été.

D'une conscience rare dans l'accomplissement de ses
devoirs professionnels, nous l'avons vu désolé d'un
retard de quelques minutes pour descendre, de l'appartement qu'il occupait à l'Arsenal, dans la salle des Manuscrits où était son bureau. Là, comme dans tous les éta-
blissements par lesquels il est passé, il a pu, grâce à un
labeur assidu, laisser des traces durables de son séjour.

L'Arsenal lui doit d'abord la révision et le complément
du catalogue de ses Manuscrits, dont Paul Lacroix avait
été chargé en 1866. L. Larchey consentit, sur la demande
de celui-ci, à le suppléer, et se mit à l'œuvre le 15 février
1874 ; mais comme il n'en poursuivait pas moins, par
surcroît, au département des Imprimés, le catalogue
de l'Histoire, il était obligé de rester à la Bibliothèque après les heures des séances. Cette complication
n'était, d'ailleurs, point la seule, car le mauvais état du
numérotage, la multiplicité des emplacements affectés
aux manuscrits et d'autres inconvénients inhérents à
l'état du travail dont il avait pris la suite, ne laissaient
pas de lui causer de sérieuses difficultés.

La collection des Manuscrits était, alors, divisée en vingt et une sections dont chacune avait ses numéros propres, ce qui entraînait la répétition de la plupart d'entre eux. De plus, chaque ouvrage ne portait qu'un numéro, quel que fût le nombre de ses volumes. Enfin, l'usage *d'exposants* (1) et la distinction des trois formats achevaient de rendre les erreurs fréquentes.

L. Larchey fondit les sections en une seule, affecta un numéro à chaque volume, sans distinction de formats, supprima les *exposants*, en un mot établit l'ordre et facilita les recherches dans cette importante collection.

A la fin de l'année 1874, il présenta, sur l'achèvement du catalogue, un rapport que notre regretté maître Édouard Thierry, alors conservateur-administrateur de la bibliothèque de l'Arsenal, aujourd'hui dirigée par M. José Maria de Heredia, membre de l'Académie française, accompagna, en l'envoyant au Ministre, des réflexions suivantes : « ...Fait par un esprit net, judicieux et curieux de tout ce qui touche à l'Histoire, ce premier rapport, je n'en saurais douter, intéressera le Ministre de l'Instruction publique. Il est précis, substantiel, excellent à tous les titres. Le seul point sur lequel je le trouve en défaut (aussi est-ce à -moi de suppléer ce qui manque), c'est que M. Lorédan Larchey s'y traite avec trop de modestie... Je sais ce qu'il a fait, ce qui lui reste à faire et comme il s'est donné sans réserve, jusqu'ici, à un travail opiniâtre. Je regretterais bien vivement que ce sacrifice de toutes ses heures lui devînt trop onéreux et qu'il fût obligé de renfermer son travail dans ses heures de service... »

____

(1) Terme d'algèbre ; en bibliographie, petits chiffres accolés aux numéros des volumes, pour permettre leur intercalation sur les rayons d'une bibliothèque.

Le Ministre lui alloua, pour ce travail de plus de trois ans (il fut achevé en novembre 1877), une indemnité de mille francs. C'était peu. Il est vrai qu'au moment de l'entreprendre, L. Larchey s'était déclaré prêt à l'exécuter sans indemnité, se croyant, disait-il, obligé de faire, sans conditions, ce qui avait été « jugé utile à la Science et à l'État » (1).

Restait à dresser l'inventaire. Or il arriva qu'à cette époque, Ulysse Robert fut chargé de diriger la publication d'un *Inventaire sommaire des Bibliothèques de France dont les catalogues n'ont pas été imprimés.* Avec le concours de son collègue M. Henry Martin, archiviste-paléographe, L. Larchey rédigea l'*Inventaire sommaire des manuscrits de l'Arsenal,* qui fut imprimé et forma les deux premiers fascicules de l'ouvrage dont nous venons de citer le titre (1879 et 1881). Il y joignit une table alphabétique qui est restée manuscrite, et qui se compose de 35.000 incriptions portées sur 7.000 cartes.

Plus tard, quand la publication du *Catalogue général des manuscrits des Bibliothèques publiques de France* eut été décidée, c'est à L. Larchey que fut dévolu le soin de rédiger la partie concernant la Bibliothèque de l'Arsenal. Mais souffrant alors (1883), ainsi qu'on l'a vu précédemment, il demanda et obtint que cette besogne fût confiée à M. Henry Martin, dont il avait reconnu le mérite et l'érudition (2). Le tome Ier du Catalogue des manuscrits de l'Arsenal parut en 1885, et c'est en 1899 que M. Henry Martin termina son œuvre par un huitième et dernier volume comprenant l'Histoire de la Bibliothèque.

(1) Lettre au ministre, du 9 janvier 1874.

(2) Nous avons emprunté au tome VIII du catalogue de M. Henry Martin *(Histoire de la Bibliothèque de l'Arsenal),* et aux papiers personnels de L. Larchey, les détails concernant ses travaux dans cet établissement.

L. Larchey dut décliner, pour le même motif, la
rédaction du Catalogue des Archives de la Bastille,
qui fut confié à M. Frantz Funck-Brentano, archiviste
paléographe, récemment nommé à l'Arsenal. Le travail
de ce dernier, inspiré du plan que M. Larchey lui avait
tracé, forme le tome IX du *Catalogue* de cette Bibliothèque.

Quant à lui, voyant approcher l'heure de la retraite,
il entreprit le classement du fonds des brochures, fonds
considérable dont la mise en ordre se poursuit encore
aujourd'hui, d'après le système de Schrottinguer, qu'il
avait fait prévaloir.

Partant de ce principe que les grandes Bibliothèques
sont faites « non pour ceux qui veulent s'instruire (les
Bibliothèques populaires ont été créées pour ceux-ci),
mais pour les hommes instruits qui travaillent à l'instruction des autres », il faisait ressortir de la manière
suivante, dans un article publié par l'*Intermédiaire des
Chercheurs*, l'intérêt des travaux bibliographiques ; ses
réflexions sont dédiées « à ceux qui croient ou affectent
de croire que le rôle du bibliothécaire se borne à aller
prendre sur un rayon, et à rapporter au lecteur l'ouvrage
qu'il a demandé ».

« Il faut bien, écrivait-il, qu'on se pénètre de cette
idée : donner un livre n'est rien. Le difficile est de savoir
que le livre existe et de le présenter aussitôt. Cela ne
peut se faire sans un bon numérotage, et sans des catalogues parfaitement tenus.

« Or, les catalogues ne tombent pas tout écrits du pla-
fond des Bibliothèques. C'est une œuvre de conscience,
de tact, de savoir, de patience infinie, qui exige beaucoup de temps. Car il ne suffit pas d'écrire un nom
d'auteur sur un répertoire alphabétique. Si, par exemple,

je m'occupe de marionnettes, et si je ne sais pas que
M. Magnin en a fait l'histoire, je veux qu'en ouvrant
son répertoire au mot MARION, le premier bibliothécaire
venu puisse me dire aussitôt : « Connaissez-vous et
voulez-vous l'*Histoire des Marionnettes*, par Magnin ? »

Il entend aussi que les catalogues comprennent tout
ce qui a été imprimé, jusqu'aux plaquettes les moins
sérieuses : « Gros ou minces, bêtes ou spirituels, tous
les imprimés ont un droit égal à l'inventaire. Il est des
bêtises qu'il importe de connaître, ne fût-ce que pour
ne pas les recommencer ! (1) ».

Ce qu'il exige encore du Bibliothécaire, c'est qu'il
veille continuellement à la défense des droits de l'État,
droits qui sont ceux des travailleurs d'aujourd'hui et de
demain. Il doit, à cet effet, multiplier les précautions,
dont la première est le timbrage des volumes, et ce
timbrage, il doit s'en acquitter sans crainte de priver
l'ouvrage de sa valeur artistique ou vénale, car, en
la lui enlevant, il ôte, par surcroît, au lecteur indélicat,
l'envie de se l'approprier.

L. Larchey nous a souvent déclaré que, conservateur
d'un cabinet d'Estampes dépendant d'une Bibliothèque
publique, il n'eût point hésité à appliquer le timbre au
milieu des gravures, quel qu'eût été leur prix.

On voit que, contre le vol, aucune précaution ne lui
semblait exagérée. Et non seulement il tâchait de le
prévenir, mais il s'efforçait encore de le réparer : aussi
quand, en parcourant un catalogue d'autographes, il y
découvrait des pièces ayant appartenu à une Bibliothèque publique, s'empressait-il de les signaler à qui
de droit, de manière à provoquer une réclamation.

---

(1) *Le choix des Bibliothécaires,* par Lorédan Larchey (V. l'*Intermédiaire des Chercheurs,* N° du 25 août 1891, couverture).

Dans le même ordre d'idées, il proscrivait, en principe, les cabinets de « Réserve », affectés, dans les Bibliothèques publiques, aux manuscrits et aux imprimés, parce qu'ils encouragent, disait-il, et facilitent le vol, en permettant aux plus ignorants de s'emparer, les yeux fermés, de volumes précieux. Il eût voulu que les livres rares, les beaux manuscrits restassent « dans le rang », où il les voyait plus en sûreté que réunis : « Supposez, disait-il, une invasion étrangère, ou une révolution dans Paris : n'est-ce pas doubler le risque de perdre les meilleurs livres d'une bibliothèque, que de les assembler ? »

Peut-être se souvenait-il qu'en 1815, des officiers prussiens avaient enlevé à la Bibliothèque de l'Arsenal des cartes de Cassini et des plans de villes fortes dont l'administrateur Treneuil ne put, malgré ses réclamations à l'autorité compétente, obtenir la restitution.

Ce n'étaient point là ses seules raisons : il faisait observer que les « Réserves » comportent un choix variable selon les tendances de chacun et nécessitent des habitudes d'ordre méticuleux difficiles à conserver. Exceptionnellement, il admettait des réserves de curiosités « destinées à satisfaire le visiteur et comprenant : 1⁰ Des reliures artistiques et historiques ; 2⁰ Des dédicaces autographes ; 3⁰ Des manuscrits à miniatures et à épisodes célèbres, tels que celui du Masque de Fer (1) ».

On voit qu'en cette matière, comme en toute autre, d'ailleurs, il était exempt de parti pris.

La « Réserve » de l'Arsenal ayant été constituée avant son entrée dans cette Bibliothèque, il se borna à améliorer son installation en supprimant ses éparpillements dans plusieurs pièces et plusieurs armoires, et en réunis-

---

(1) La Bibliothèque de l'Arsenal possède le registre d'écrou et de sortie des prisonniers, tenu par du Junca, lieutenant de Roi de la Bastille, où se trouve ce qui concerne, à ce sujet, le Masque de fer.

sant ses volumes dans un seul cabinet fermant à clef et ouvrant sur un jardin susceptible de faciliter le sauvetage en cas d'incendie.

On voit que ses précautions étaient prises, et bien prises pour préserver, en cas d'alerte, les trésors de l'établissement.

L'avenir des Bibliothèques parisiennes le préoccupant sans cesse, il ne songeait point, sans inquiétude, à celui dont les menaçait l'encombrement produit, sur leurs rayons, par les journaux. Aussi quand il s'en fut ouvert à M. Jules Collin, chef du bureau chargé des Bibliothèques au ministère de l'Instruction publique, et son ami (1), l'idée émise par celui-ci de transporter ces collections dans un dépôt spécial, lui parut-elle opportune, et rédigea-t-il, à ce sujet, un mémoire qui ne fut point imprimé, mais dont nous avons retrouvé le texte ; en voici le début :

Note sur la formation d'une Bibliothèque de périodiques

Exposé des motifs

La feuille du jour court les rues ; le lendemain, elle est souvent introuvable. Sans nous arrêter aux causes, bien connues d'ailleurs, d'un contraste qui frappe d'autant plus que les périodiques sont tirés, généralement, à un grand nombre, sans faire aucune comparaison entre le livre, fruit d'un labeur de longue haleine, et le journal, expression nécessaire des sentiments et des faits du moment, il y a lieu de regretter qu'aucun dépôt spécial n'ait été affecté exclusivement, jusqu'ici, à la conservation et à la libre communication des périodiques publiés en France depuis le XVIIe siècle. Leur suite, qui n'existe complète nulle part, n'aurait pas seulement

(1) C'est à l'obligeance et à l'habileté de M. Collin que nous devons la belle photographie reproduite en tête de ces pages.

On trouvera, dans la *Nouvelle Revue rétrospective* du 10 mai 1902, deux autres portraits de L. Larchey, aux âges de 28 et 58 ans.

une grande valeur au point de vue bibliographique, elle ser-
virait utilement le système d'investigations qui est aujourd'hui
la loi de nos historiens. Pour eux, en effet, il n'est point de
matériaux négligeables, et la constatation des erreurs même
ou des passions d'un jour n'est point inutile à la juste appré-
ciation de toute une époque.

Nous croyons donc pouvoir affirmer que le développement
considérable de la presse contemporaine s'accorde avec les
progrès de la critique historique pour motiver la formation
d'une Bibliothèque de périodiques.

VOIES ET MOYENS

Même en supposant des ressources budgétaires suffisantes,
un tel établissement ne saurait s'improviser. Le temps et
l'esprit de suite sont, ici, non moins nécessaires que l'argent.
C'est pourquoi, dès à présent, on pourrait donner à cette idée
un commencement d'exécution, sans qu'elle entraînât des
frais exceptionnels.

A titre provisoire, poursuit-il, on choisirait, comme
dépôt, une salle du rez-de-chaussée de la Bibliothèque de l'Arsenal, complètement indépendante du reste,
pour y transporter le second exemplaire des journaux
reçus par le Dépôt légal; puis, pour combler l'arriéré, on
ferait appel : 1º aux doubles et incomplets des Bibliothèques de l'État. 2º aux dons des particuliers « qui devien-
draient considérables avec l'appui de la Presse ». 3º Le
Bibliothécaire chargé de la conservation serait autorisé
à faire des acquisitions, mais seulement au poids du
papier ; il n'en ferait d'autres qu'avec l'autorisation
ministérielle.

L. Larchey comprenait la nécessité de cheminer lente-
ment, surtout au début, afin de n'effrayer personne par
la perspective de lourdes dépenses. Quant aux employés,
ils devaient être recrutés par voie de délégation, pour
éviter des frais supplémentaires, le Bibliothécaire placé
sous l'autorité d'une Commission de surveillance, et les

travaux de classement exécutés conformément à l'Instruction ministérielle du 4 mai 1878.

Bien que ce plan n'ait point été suivi d'exécution, il n'en montre pas moins L. Larchey inspirateur d'une mesure dont l'envahissement des Bibliothèques par les collections de journaux fera, tôt ou tard, proclamer l'urgence.

Quant au lieu de leur dépôt définitif, il le voulait central et proposait, comme offrant des conditions favorables, le Jeu de Paume des Tuileries. Il avait aussi songé à établir, au moyen d'un échange avec la Ville, dans l'église désaffectée de l'Assomption, la Bibliothèque de l'Arsenal, afin de la rendre plus accessible aux lecteurs. On aurait couvert la cour, et installé une Bibliothèque de fer, semblable à celle de la rue Richelieu. Toutefois, il n'y eut point de projet écrit, et L. Larchey se contenta de faire part, à qui de droit, de ses réflexions.

Il n'en fut point de même de celles que lui suggérèrent les missions dont il avait été chargé dans les châteaux de Fontainebleau, de Compiègne et de Pau : craignant la dispersion de leurs collections, il rédigea un projet qui les centralisait, ainsi que leur personnel, à Paris, sur l'emplacement du Monument Expiatoire. Il ne voyait que trop juste, car leur dissémination est, aujourd'hui, un fait accompli.

Les bonnes idées ne lui manquaient point !

II

On peut dire qu'il y eut deux hommes en Lorédan Larchey : le bibliothécaire, dont il vient d'être parlé, et l'érudit — celui-ci doublé d'un vulgarisateur.

Si l'érudit a possédé, comme il l'a maintes fois prouvé, des connaissances aussi profondes que variées, il n'en

est pas moins resté toujours lié au vulgarisateur : irrésistiblement porté à communiquer au plus grand
nombre possible le fruit de ses travaux, il n'a cessé de
le faire, par la voie du livre et du journal, avec la verve
spirituelle qui valut à la *Revue anecdotique* une bonne
part de son succès.

La *Revue anecdotique !* Que de souvenirs en ces deux
mots ! Alors florissait un genre de littérature aujourd'hui
disparu, le « petit journalisme », dont l'époque se place
entre les années 1840 et 1870. A l'étalage des libraires et
des marchands de journaux figuraient des volumes d'un
petit format et d'un prix proportionné à leur taille, qui, par
la gaîté, l'imprévu, la fantaisie du texte, avaient le don
d'intéresser le public, alors moins exclusivement affamé
de nouvelles qu'aujourd'hui, et qu'un mot drôle, une
histoire piquante, un coup d'épingle habile avait le don
de passionner presqu'autant qu'un événement important.

Ces petits livres étaient nombreux. On peut citer : *Les
Guêpes*, d'Alphonse Karr (1839-47), *les Papillons noirs*, du
bibliophile Jacob (1840), *le Pamphlet* (1841), *les Nouvelles
à la main* de Nestor Roqueplan (1840-44), *les Historiettes
contemporaines, courrier de la ville*, d'Eugène Briffault,
(1842), *le Feuilleton mensuel*, (1842), *le Siffleur, chronique
du mois*, par R. de Wolkoff, (1844), *les Agapes*, par Paul
d'Orsay, (1850), *la Gazette de Champfleury*, (1856), *la
Chronique, revue du monde fashionable*, (1861), *le Diable
à quatre*, de Villemessant, (1869), etc., etc...

A la différence de plusieurs d'entre eux, la *Revue
anecdotique*, laissant de côté la politique, se consacrait
uniquement aux Lettres et aux Arts : « Documents biographiques de toute nature, nouvelles des libraires et
des théâtres, bons mots, satires, épigrammes, excentricités littéraires, bouffonneries de l'annonce, prospectus

rares et singuliers », tel était son programme, et ce programme, si modeste qu'il puisse paraître, n'en a pas moins fait, de ces quinze volumes in-12, (1855-1862), suivis des treize de *la Petite Revue,* (1863-1867), un répertoire de premier ordre pour les écrivains préoccupés de l'histoire de la seconde moitié du XIXe siècle, et d'autant plus précieux que des tables placées en tête de chaque tome en facilitent la consultation.

On tirait à mille exemplaires.

Le plan de la *Revue* avait été conçu par L. Larchey, mais la modicité de ses appointements de bibliothécaire ne lui permettant point d'en supporter tous les frais, il fut heureux de trouver en MM. Edouard Gœpp, chef de bureau au Ministère de l'Instruction publique, et Ernest Auger, son ancien camarade de l'École des Chartes, mort conseiller à la Cour de Cassation, des hommes qui, ayant compris et apprécié son idée, lui fournirent les premiers fonds. On jugea nécessaire au succès de s'installer dans un bureau modeste, il est vrai, mais permettant au directeur et à ses commanditaires d'y réunir leurs collaborateurs et de fournir au public les renseignements dont il aurait besoin.

On voulait, sans quitter la rive gauche, rester à portée de la rive droite, et ne pas s'éloigner du centre. Aussi choisit-on, au numéro neuf de la rue de Seine (1), une

(1) L'adresse inscrite sur le titre de la *Revue anecdotique* porte n° *11,* et non *n° 9* ; cependant il n'y a pas d'incertitude possible sur ce point. Nous pensons qu'au n° 11 se trouvait un libraire, et qu'il était chargé de recevoir les abonnements.

« En faisant l'histoire de la *Revue anecdotique,* nous écrivait L. Larchey le 3 février 1889, je m'aperçois qu'elle a fait beaucoup de bruit parce qu'elle avait un petit bureau sur un point central, où tout le monde venait causer en passant. C'était une boutique noire sur une cour, 9, rue de Seine, et cela coûtait quatre cents francs pour deux pièces, soit deux cents francs parce qu'on sous-louait la seconde. De quatre à six, c'était un grand rendez-vous ! »

maison qui existe encore avec son allée longue, étroite et noire, et sa petite cour à droite de laquelle se trouve une assez grande pièce dans laquelle le bureau avait été installé.

C'est là que, tous les jours, de quatre à six heures, on était sûr de rencontrer jeune, joyeuse et nombreuse compagnie, attirée non seulement par le désir de contribuer au succès de l'œuvre d'un camarade, mais en core, et plus peut-être, par le charme de la réunion.

« Voyez, nous disait L. Larchey, un jour où nous passions avec lui devant la porte, c'est là que se tenaient nos assemblées, là que je préparais la *Revue*, au milieu des quolibets, des rires, des cris de toute sorte et des exercices de tout genre, sans en excepter l'escrime ! »

L'assemblée n'avait, on le voit, rien de la gravité d'un « bureau d'esprit » du grand siècle, quoiqu'il s'en dépensât beaucoup, et du meilleur, et que nombre d'écrivains ayant occupé, depuis, une place distinguée dans le journalisme et la littérature, aient fréquenté, pendant leur jeunesse, le rez-de-chaussée de la rue de Seine (remplacé, quelque temps après, par un entresol rue de la Ferme), pour ne citer que Champfleury, Louis Lacour, Léon Platel, Nadar, Albert de la Fizelière, Jules Troubat, Georges Duplessis, Georges Niel, Louis Enault.

Le soin de la rédaction fut confié à L. Larchey dont il est, d'ailleurs, facile de reconnaître le style à chaque

Il est regrettable que cette *Histoire de la Revue anecdotique*, qui devait paraître, en 1889, dans la revue *Le Livre*, après une étude du même auteur intitulée *Bibliothèques et Bibliothécaires*, n'ait point été publiée, en raison de la disparition du recueil de M. Octave Uzanne, car il n'en existe plus, nous le craignons du moins, qu'un fragment dont il sera parlé ci-après. Cette *Histoire* faisait partie de *Souvenirs* que l'auteur commençait alors à rédiger et dont, malheureusement, la plus grande partie semble avoir été détruite.

page. Ses collaborateurs ne faisaient que lui apporter les matériaux pour bâtir l'édifice. S'il existait quelque doute à cet égard, les lignes suivantes, trouvées dans ses papiers, le lèveraient aussitôt : « Sauf exception, écrit-il, on ne signait point. Chacun m'apportait sa note rédigée ou non, et me laissait le soin de la mise en œuvre. La signature *Louis Lacour* qui parut en queue des premiers numéros, ne fut, en réalité, justifiée par aucune collaboration, et nous vîmes bientôt qu'elle n'était pas nécessaire. Mais l'administration avait, en ce genre, plus d'un caprice passager... ! »

Son apparition fut saluée par les éloges de la Presse. Toutefois, trop clairvoyant était le rédacteur en chef, pour ne point comprendre que ce succès moral ne serait point suivi d'un succès d'argent. Aussi n'y visait-il point, et ne cherchait-il à obtenir que ce qu'un recueil de ce genre pouvait procurer, la considération :

« Estimée, dans un monde restreint de lettrés, a-t-il écrit, mais souvent reproduite par de grands journaux, la *Revue* faisait plus de bruit qu'elle n'était grosse, car elle ne paraissait que chaque quinzaine, en une mince livraison qui formait volume de semestre. Elle visait à rester en volumes maniables sur les rayons des Bibliothèques... »

Ou nous nous trompons fort, ou la plupart des Bibliothèques publiques possèdent les collections complètes de la *Revue anecdotique* et de la *Petite Revue*, qui, non seulement offrent aux délicats et aux lettrés une lecture attrayante, mais constituent, en outre, pour les chercheurs, un instrument de travail précieux. Par contre, peu de particuliers jouissent de la même bonne fortune, car, ainsi qu'il arrive souvent, les amateurs ont attendu, pour acquérir ces petits volumes, le jour où ils sont devenus introuvables, et qui les veut, aujourd'hui, est obligé de les payer « cuir et poil ».

Le passage suivant d'une lettre dans laquelle L. Larchey nous invitait à ne point désespérer de la réussite de notre *Revue rétrospective*, malgré la rareté des premiers souscripteurs, montre à quel point les débuts de sa propre publication avaient été peu rémunérateurs : « Rien de plus dur que cette première phase du métier. J'ai fait la *Revue anecdotique*, de 1855 à 1861, et la *Petite Revue*, en 1862, au prix de sacrifices continuels. En 1863, (huit ans après), mon entrée au *Monde Illustré* a seulement commencé ce que j'appellerai la phase réparatrice. C'était au moment où j'étais fondé à désespérer. Je vous rabâche tout cela pour vous faire prendre le temps en patience ! »

Parvenue à joindre les deux bouts, ou à peu près, la *Revue anecdotique* poursuivait tranquillement sa carrière depuis cinq ans, quand un incident imprévu vint la troubler :

Il n'est guère d'auteur — de journaliste surtout — qui n'ait eu, pendant sa carrière, des ennuis plus ou moins sérieux à subir. Il faut si peu de chose, — un mot suffit parfois ! — pour heurter, en dépit des meilleures intentions et des précautions prises, les intérêts matériels et d'amour-propre !

On ne peut fournir de cette vérité un exemple plus frappant que celui de L. Larchey, car il fut, — tous ceux qui l'ont connu l'attesteront, — le scrupule et la délicatesse incarnés, et s'il eut, lui aussi, sa part de tribulations, il faut en conclure qu'elles sont inséparables du métier d'écrivain, comme de tout autre.

Or, un jour de l'année 1861, en arrivant au petit entresol de la rue de la Ferme, où le bureau de la rédaction avait été transporté, il s'aperçut que les collections de la *Revue* avaient été bousculées, et apprit que ce désordre était dû à .... une descente de police !

A la préfecture, où il court, on lui déclare que son
recueil est inculpé d'outrage aux mœurs ! On peut
lire, tome XIII, page 157, le passage incriminé ; c'est
l'extrait d'un manuscrit inédit intitulé : *Mémoires pour
servir à l'Histoire de France, ou recueil contenant plusieurs
anecdotes de la Cour, par la marquise de *** (1719-1737)* (1).
Il s'agit du Régent, dont la duchesse de Berry, sa fille,
aurait tenté de favoriser la passion criminelle pour une
dame de la Cour. L'anecdote est infiniment moins scan-
daleuse que cent autres publiées sur ce prince ; elle est
historique, ou du moins donnée pour telle ; enfin les
termes dans lesquels elle est rapportée ne dépassent
point les bornes de l'honnêteté. Bref, elle serait passée
inaperçue, sans la malveillance d'une femme de lettres
très connue, toute puissante en haut lieu, et dont
L. Larchey put s'assurer que la main avait lancé le trait.
Elle ne lui pardonnait point d'avoir, en rendant compte
de son dernier roman, révélé certains détails de sa vie
privée, et avait saisi l'occasion d'une vengeance. Mais
le singulier est que l'article n'était point sorti de la
plume de L. Larchey ; il avait été extrait du journal *Le
Théâtre*, dirigé par Georges d'Heylli, et la *Revue* s'était
bornée à le reproduire !

Grâce à un ami dévoué, M. Armand du Mesnil, au
procureur général Chaix d'Est Ange, qui reconnut la sot-
tise de l'accusation, l'affaire n'eut point de suites, mais
fort en péril avait été le pauvre L. Larchey, car, à cette
époque, une citation en justice pour « outrage aux
mœurs », équivalait presque à une condamnation !

L'incident n'en eut pas moins la conséquence fâcheuse
de lui faire abandonner la direction, la rédaction et sa

____

(1) Le manuscrit était passé en vente à la librairie Claudin et pro-
venait de la bibliothèque Cayrol, de Compiègne.

part de propriété de la *Revue anecdotique*, qu'il céda à Poulet-Malassis en 1862. Il est vrai qu'en novembre de la même année, après la déconfiture de cet éditeur, il entreprit, sur le même plan, *la Petite Revue*, dont les cinq années d'existence ont prouvé que le public ne se lassait ni de ce genre de littérature, ni du talent de celui qui en était le représentant le plus autorisé.

Les difficultés sont la contre-partie presque obligée du succès : nous venons d'en donner une première preuve En voici une seconde : dans ses moments de loisir, L. Larchey préparait, sur les *Excentricités du langage français* (c'est-à-dire sur l'*Argot*), un travail dont, en 1858, au moment des vacances, il fit passer, dans la *Revue anecdotique*, des extraits destinés à lui permettre de prendre quelques semaines de repos, tira à cent exemplaires de plus les feuilles qui les contenaient, et les mit en vente pour tâter le public. Tout à l'économie, il eut soin d'éviter les remaniements, ne changea même point la pagination, et forma ainsi un petit volume de 220 pages, environ, dont 50 exemplaires seulement entrèrent dans le commerce, au prix de 5 francs.

La rapidité de leur enlèvement, leur plus value dans les enchères publiques, où ils atteignirent promptement le prix de 8 et de 10 francs, démontrèrent que l'ouvrage répondait à un besoin de l'époque. L'Argot n'est point, en effet, comme quelques uns se le figurent, une langue propre aux classes inférieures de la société : toutes ont le leur. Aussi, les *Excentricités du langage français* eurent-elles, de 1859 à 1865, cinq éditions que L. Larchey se chargea de maintenir, comme il l'a écrit sur le titre, « à la hauteur des révolutions du jour ». Leur succès s'explique aussi par le travail de l'auteur qui, loin de se contenter d'une sèche nomenclature, avait pris la peine de rechercher les étymologies et de citer des exemples.

LORÉDAN LARCHEY
EN 1866
(Dessin de Faustin Besson)

LORÉDAN LARCHEY
EN 1887
(Dessin de M. Édouard Paupion)

La cinquième édition venait de paraître chez Dentu,
quand Alfred Delvau publia, chez cet éditeur même, un
Dictionnaire de la langue verte, où L. Larchey reconnut
promptement un plagiat. Peu processif de sa nature, il
n'hésita, cependant, point, en raison du procédé d'abord,
du tort qui lui était fait, ensuite, à le dénoncer dans une
*Note sur la concurrence faite à M. Lorédan Larchey par
son propre éditeur*. Il priait ses confrères de vouloir bien
« suspendre leur jugement sur le nouveau dictionnaire
édité par M. Dentu, jusqu'après l'impression de ses
preuves. »

A cette circulaire, que le *Figaro* reproduisit dans son
numéro du 14 janvier 1866, A. Delvau répondit par une
plainte en diffamation, plainte à laquelle L. Larchey
répliqua par une assignation en contrefaçon et en dom-
mages-intérêts, et par un factum intitulé : *Note sur le
procès en diffamation intenté par M. Delvau à M. Larchey.
— Note sur le procès en contrefaçon intenté par M. Larchey à MM. Delvau et Dentu.* (In-4).

Une polémique s'engagea, dans le *Figaro*, entre L. Larchey d'une part, MM. Delvau et Dentu, de l'autre. Elle a
été reproduite dans *La Petite Revue* des 20 et 27 janvier 1866, pp. 137-155 et 169-177.

Le procès suivit son cours, et l'affaire allait être plai-
dée, quand, trois jours avant l'audience, Dentu demanda
à transiger. L. Larchey y consentit, mais à condition d'être indemnisé des frais de son Mémoire et de
reprendre sa liberté d'action. Il était, en effet, lié par
un traité. Il stipula, en outre, qu'il resterait maître
de poursuivre A. Delvau. Le débat fut porté devant la
Société des Gens de lettres, où L. Larchey se fit admet-
tre exprès, et pour laquelle il fit imprimer une courte
note où il déclarait maintenir les assertions de son
premier mémoire, et précisait les points que le Comité
aurait à examiner (8 février).

Le 3 avril, le Comité, après avoir vu A. Delvau reconnaitre lui-même ses emprunts aux *Excentricités du langage français*, et donner verbalement satisfaction à son
adversaire, arrêta que les épreuves de la seconde édition
du *Dictionnaire de la langue verte*, alors en préparation,
seraient soumises à L. Larchey, pour lui permettre
d'indiquer les suppressions par lui réclamées.

La sentence fut insérée dans la *Chronique* de la Société,
en mai 1866, et reproduite dans le n° 3 du *Petit bulletin
du Bibliothécaire*, qu'il venait de fonder.

Ainsi se termina cette affaire qui donna beaucoup de
souci à l'auteur des *Excentricités*, affaire peut-être unique
en son genre, où l'on voit un éditeur se faire concurrence
à lui-même et laisser plagier chez lui un auteur de sa
maison. Elle parut si peu claire à L. Larchey, qu'il se
demanda si, comme celle de la *Revue anecdotique*, elle
ne cachait point quelque dessous. Son enquête eût
abouti à l'affirmative, à en croire ces mots écrits, peu
de temps avant sa mort, à M. Georges Vicaire : « Si
Dieu me prête vie, dit-il, je conterai les dessous de
l'affaire Delvau, qui valent la peine d'être connus ! »
Nous n'avons malheureusement point retrouvé, dans ses
papiers, ce récit, qui devait faire partie de ses *Souvenirs*.

A partir de leur sixième édition, les *Excentricités du
langage français* deviennent le *Dictionnaire historique,
étymologique et anecdotique de l'Argot parisien*. Cette édition fut publiée dans le format grand in-8, sur deux
colonnes, avec des illustrations. Si elle n'obtint point,
comme la précédente, les honneurs du plagiat, elle eut,
du moins, celui d'être contrefaite à Londres, où elle parut
sans autre modification que celle du titre, ainsi que le
constate la lettre suivante adressée, en 1878, par L. Larchey à la Société des gens de Lettres : (1)

(1) V. la *Chronique* de la Société, année 1878, n° 147, p. 255.

« Je vous adresse un spécimen curieux d'adaptation anglaise, étant prêt à donner verbalement tous les renseignements qu'on voudra bien me demander.

« Il y a deux ans, environ, qu'un spéculateur quelconque (je ne sais s'il est anglais ou français), a mis en vente, à Londres, une certaine quantité d'exemplaires de mon *Dictionnaire d'Argot*, en se contentant d'y faire deux modifications.

« Première modification, de prix : 9 schellings (12 francs) au lieu de 3 francs.

« Deuxième modification, de titre : il a placé, devant le texte, un titre anglais, en supprimant le titre français qui donnait le nom de l'auteur...

« Toutes mes tentatives pour en faire venir à Paris par commission ont été vaines. On me répondait que l'édition était épuisée. Un négociant de Lyon possédait, heureusement, cet exemplaire, qu'il a bien voulu me prêter. »

La contrefaçon dont il parle est, pensons-nous, celle dont nous donnons, ci-dessous, la description. Elle est intitulée : *Excentricities of the french language*, et a été publiée, à Londres, chez John Camden Hotten, Piccadilly. L. Larchey accusait un sieur D..., libraire rue du Croissant, d'être le spéculateur indélicat, accusation que D... repoussa dans une lettre que nous avons sous les yeux, et qui, à défaut d'autres renseignements intéressants, nous fournit la date de l'édition : 1873. L. Larchey n'en demeura pas moins convaincu de la culpabilité de D... (1)

Le format de la septième édition du *Dictionnaire d'ar-*

(1) On lit, en effet, en marge de la lettre de D..., la note suivante écrite postérieurement : « Il s'est permis de faire une édition anglaise de mon dictionnaire, en supprimant mon nom, en changeant le titre et le prix. »

got, et celui des trois dernières, parues de 1878 à 1888,
devientin-12. La huitième est accompagnée d'un supplément. Deux autres suppléments sont imprimés en
1883 et 1889. Celui-ci est de 300 pages, c'est-à-dire plus
important que le *Dictionnaire* même.

L. Larchey ayant cru devoir avertir ses lecteurs que
« ce supplément annulait tous les autres », avait fait
insérer cette phrase sur le titre, mais l'éditeur n'en continua pas moins à vendre les précédents. C'est pourquoi un exemplaire que nous possédons porte la remar-
que suivante, écrite à l'encre, de la main de l'auteur :
« Ils s'annulaient déjà tour à tour, mais on les vendait,
néanmoins, comme si ç'eût été le contraire ! »

Comprenant l'importance des documents émanés de
témoins oculaires, L. Larchey les recherchait avec soin.
Longtemps avant le *Dictionnaire d'Argot,* cette prédilec-
tion s'était manifestée par des publications telles que le
Journal de Jehan Aubrion (1465-1512), imprimé sous les
auspices de l'Académie de Metz, avec le concours du
Conseil municipal; le *Journal des Inspecteurs de M. de
Sartines (1761-1764)* que, rendu prudent par le procès
intenté à son ami Louis Lacour au sujet des *Mémoires de
Lauzun,* il fit imprimer à Bruxelles; les *Notes de René
d'Argenson, lieutenant-général de police;* les *Souvenirs de
Jean Bouhier, président au Parlement de Dijon* (ces deux
derniers ouvrages destinés à inaugurer une collection
de Mémoires relatifs à l'histoire moderne); le *Journal de
marche du Sergent Fricasse (1792-1802);* enfin les fameux
Cahiers du capitaine Coignet (1799-1815), qui mirent à la
mode les Mémoires de soldats.

On sait comment ces *Cahiers* étaient entrés en sa possession : ayant trouvé, sur le quai, la rarissime édition
des *Souvenirs de Jean-Roch Coignet,* imprimés à Auxerre

en 1851 et 1853 (1), il avait commencé par en donner des extraits dans *le Monde illustré*, ensuite dans sa *Bibliothèque des Mémoires du XIXe siècle*, puis s'était mis en quête du manuscrit qu'avec l'aide de l'imprimeur, du bibliothécaire M. Molard, et d'un collectionneur d'Auxerre, il retrouva. Ce manuscrit, composé de neuf grands cahiers, est longtemps resté à la disposition des incréludes, à la bibliothèque de l'Arsenal. Il le remit ensuite à MM. Hachette, entre les mains desquels il est encore aujourd'hui. Précautions utiles, car nombreux furent les sceptiques, même parmi les professionnels :

« Mon cher ami, lui dit, après lecture, son collègue Paul Lacroix qui, ayant écrit un volume sur les *Mystificateurs*, pouvait se croire expert en la matière, venez que je vous fasse mon compliment! Les *Cahiers* de votre capitaine m'ont empoigné, littéralement... Pardonnezmoi, mais je ne vous croyais pas de cette force... Non, réellement, c'est très fort! »

L. Larchey eut beau protester qu'il n'y avait point, dans le texte, un mot dont Coignet ne fût l'auteur, qu'il s'était borné aux suppressions indispensables, il ne put le convaincre. Que disons-nous? L'examen du manuscrit original même fut impuissant à le détromper : « Quand vous voudrez, déclara-t-il, je connais un copiste qui vous en fera autant!... » (2)

L'obstination du bibliophile Jacob n'offrait qu'une nouvelle preuve de l'intérêt de la découverte, — car c'en était une, personne, avant L. Larchey, ne s'étant avisé de goûter ces récits tracés par des inexpérimentés, sans doute, mais doublés d'hommes sachant voir et rendre

(1) Le premier volume porte la date de 1851, le second celle de 1853.

(2) Cette anecdote est contée par L. Larchey, dans son introduction des *Mystifications de Caillot-Duval*. (Paris, Daragon, 1901).

ce qu'ils avaient vu. Du vivant même de leurs auteurs, alors que les témoins de l'épopée impériale étaient nombreux encore, on n'y prêtait qu'une attention médiocre : la feuille provinciale qui avait commencé, en 1857, la publication des *Mémoires du Sergent Bourgogne*, fut obligée de l'interrompre, faute de succès. Il semble que la Renommée attendît la mort de ces modestes héros · pour proclamer leur talent et leur gloire !

Aujourd'hui encore, ce genre d'écrits a ses détracteurs : les uns suspectent jusqu'à l'existence des auteurs, les autres contestent la vérité de leurs assertions. C'est se donner inutilement beaucoup de peine : les manuscrits originaux, les actes de l'État civil, les Archives de la Guerre sont les réponses à fournir aux premiers. Quant aux seconds, ne savent-ils point que les Mémoires *exacts* sont un mythe? Que, quelque garantie qu'ils paraissent offrir, l'historien, avant d'en faire usage, est tenu de contrôler leurs allégations, plus encore, peut-être, que celles d'autres documents? Les Mémoires n'en sont pas moins précieux, car sans eux, et, ajoutons - le, sans les Correspondances intimes qui offrent des avantages analogues, peut-être même supérieurs, parce qu'elles ont été rédigées plus près des faits rapportés, on pourrait encore écrire l'Histoire, sans doute, mais quant à lui imprimer la couleur et la vie qui en font l'attrait, ce serait infiniment moins aisé !

L'intérêt des Mémoires de soldats, réside non dans le compte-rendu des opérations stratégiques, mais dans le pittoresque des détails et dans la peinture des mœurs militaires, et ceux qui se montrent si sévères à leur sujet le seraient moins, s'ils les voyaient sous leur vrai jour. L. Larchey, qui s'en rendait compte, a toujours dédaigné de répondre aux attaques souvent passionnées — on ignore pourquoi

— de ces critiques. L'un d'eux ayant avancé que Coignet
s'était contenté de copier Thiers, nous reçûmes la lettre
suivante : « Il est permis à tout le monde de trouver
que Thiers et Coignet, c'est l'original et la copie. On a
bien trouvé que le style de X*** (ici le nom du rédacteur
en chef de *la Revue* où l'article avait paru) était celui
de nos meilleurs écrivains ! Quant à la biographie de
mon héros, j'avoue avoir laissé le champ libre à ceux
qui ne se contentent pas de la voir faite par lui-même.
Je n'ai pas été biographe, j'ai été l'éditeur blanchisseur
des *Cahiers*, et je n'ai jamais eu d'autre prétention ! »

Les Cahiers du capitaine Coignet ont eu cinq éditions
in-12, quatre éditions illustrées in-4⁰ et ont été, comme
les Excentricités du Langage français, l'objet d'une
contrefaçon anglaise illustrée. Celle-ci parut d'abord à
New-York en 1890, puis fut transportée à Londres, après
la cession des clichés à un libraire de cette ville.

Leur publication avait eu, comme plusieurs autres de
l'auteur, un but patriotique. En 1871, au lendemain
de nos désastres, il avait commencé, sous le titre de
Bibliothèque des Mémoires du dix-neuvième siècle, une
réimpression de *Souvenirs* relatifs au premier Empire,
qu'il publia par extraits, de 1866 à 1870, dans *le Monde
illustré*, sous le titre général : *Les Anecdotiers de l'Empire*.
Il les jugeait propres à inspirer à ses concitoyens le
goût de l'Histoire et à développer, chez eux, " le sentiment national ". En tête se trouve un Avant-propos
donnant, sur l'intérêt des *Souvenirs* personnels et sur la
manière d'en tirer profit, des aperçus qui étaient alors
d'une réelle nouveauté et dont le goût du public n'a fait,
depuis, que confirmer la justesse.

Le Mémorial des deux Sièges, le *Journal de marche du
sergent Fricasse*, le *Journal du canonnier Bricard*, *Les
Suites d'une capitulation* ont été édités dans un but

analogue : ce dernier ouvrage tendait à prouver qu'une armée assiégée et réduite au désespoir avait plus d'intérêt à tenter une trouée dans les troupes assiégeantes qu'à se rendre. L'idée fut-elle mal comprise? Le public ne voulut-il point du volume parce qu'il se composait d'extraits de livres imprimés, sans remarquer que ces imprimés étant, pour la plupart, introuvables, valaient de l'inédit? Nous ne saurions le décider. Ce qui est certain, c'est que le livre n'eut point de succès et que l'auteur fut réduit à l'offrir aux Bibliothèques de l'armée, comme il avait offert aux Bibliothèques publiques les exemplaires invendus du *Journal du sergent Fricasse* et de la *Bibliothèque des Mémoires du XIX*e *siècle.*

Le résultat fut que, devenus rares, ces ouvrages atteignirent des prix invraisemblables. Pour ne parler que des *Suites d'une capitulation,* elles sont, aujourd'hui, cotées dix francs, après avoir été publiées à deux.

C'est, pensons-nous, dans une publication antérieure, les *Documents pour servir à l'histoire de nos mœurs,* qu'il faut chercher la genèse de l'idée qui porta L. Larchey à conférer les honneurs de l'impression aux *Souvenirs* de deux humbles soldats tels que Fricasse et Coignet. Les quatorze volumes in-32 dont se composent ces *Documents,* imprimés en caractères elzéviriens sur papier de Hollande, forment une collection aussi recherchée, aujourd'hui, qu'elle est rarement complète : les impressions de témoins de la Révolution de février, le Carnet d'une vieille comtesse (1836), les Notes d'un agent de police, de 1861 à 1867, trois séries de lettres émanant de gastronomes, d'amoureux, de demandeurs de places, d'honneurs ou d'argent, les Mémoires du jardinier de Talma, les Comptes d'une élégante de 1869, les tribulations d'une femme de Lettres de 1865, les

Souvenirs d'un acteur du Petit Lazari, ceux d'un habitué des réunions publiques non politiques (1869), telle est la composition de cette collection qui, avec moins de gravité, mais plus d'attrait qu'un traité philosophique, contribue à l'étude de la nature humaine. La rapidité avec laquelle s'enlevèrent ces petits volumes tirés à peu d'exemplaires, encouragea L. Larchey à poursuivre l'exécution de son projet de former une Bibliothèque de Mémoires du XVIIIe et du XIXe siècles. Toutefois, persuadé qu'un périodique trouverait plus aisément des souscripteurs que des volumes paraissant irrégulièrement, il nous soumit le plan d'une *Revue rétrospective* analogue à celle que, soixante ans auparavant, Taschereau avait publiée, non sans succès. Nous en reparlerons tout à l'heure.

Malgré l'orientation moderne donnée à ses recherches, L. Larchey n'a jamais entièrement perdu de vue le Moyen-Age, objet de ses premiers travaux : en 1852-53, il fait insérer dans les *Mémoires de l'Académie de Metz*, un *Mémoire historique sur l'hôpital Saint-Nicolas*, dont il vient de classer les archives. Sous les auspices de la même Académie, il publie, en 1857, le *Journal de Jehan Aubrion, bourgeois de Metz (1465-1512)*. En 1860, il collabore, avec M. Guessard, à l'édition d'une chanson de geste, *Parise la duchesse* (1). L'année suivante, paraît une brochure sur *Les Maîtres bombardiers de Metz*, premier essai d'une enquête sur *Les Origines de l'artillerie française*, qui mérite de retenir notre attention.

En 1859, L. Larchey avait reçu du ministère de l'Instruction publique une mission et cinq cents francs pour rechercher dans les bibliothèques, musées et archives

______

(1) Nous en possédons un exemplaire couvert de notes de la main de L. Larchey.

du Nord et de l'Est de la France, les documents relatifs
à l'histoire de l'artillerie française au moyen-âge. Il
s'agissait surtout de trouver la date " du premier usage
du canon en France ", date intéressante, car si, d'une
part, ses recherches lui avaient permis de constater que,
dès 1326, les Florentins fabriquaient des pièces de fonte,
d'autre part une chronique messine avait fait briller à
ses yeux une année antérieure, celle de 1324 : " Deux ans
plus tôt que l'Italie, et cela dans mon pays de Lorraine !
Le cœur m'en battait... ! " a-t-il écrit.

Il commence son tour de France par Metz, Strasbourg,
et Colmar ; de Rennes, se rend à Marseille, non sans
s'arrêter plusieurs fois en route, et de Lille à Narbonne.
Il pousse même jusqu'à Bruxelles et Bâle, " voyageant
de nuit en troisième classe, pour travailler le jour,
écrivant au crayon quand les encriers sont gelés, n'ayant
avec lui qu'une valise dont ses papiers tenaient le
quart (1)..."

Si, à son retour, la date cherchée restait encore à
découvrir, ses investigations ne lui en avaient pas
moins procuré des documents précieux. Mais il fallait
les publier, et c'est ce que l'état de ses ressources ne lui
permettait point de faire à ses frais. Quelques démarches
en haut lieu étant demeurées infructueuses, il prit le
parti d'envoyer sa brochure, *Les Maîtres bombardiers de
Metz*, à de bonnes adresses, avec un prospectus annon-
çant les deux tomes des *Origines de l'artillerie*, et
contenant un bulletin de souscription pour cet ouvrage.

Une cinquantaine de personnes seulement ayant
répondu à son appel, sur les cinq cents jugées nécessaires pour couvrir les frais d'impression des deux

---

(1) *Souvenirs de mission*

volumes in-18, ornés de 60 planches, qu'il comptait
mettre en vente au prix de vingt francs, il modifia son
plan et publia à ses dépens, d'abord une brochure de
88 pages intitulée *Origines de l'artillerie française* (1324-
1354), puis une plaquette in-4° de trente-cinq pages,
suivie de 106 lithographies sur papier teinté, dessinées
par lui-même. Cette plaquette fut tirée à cent vingt-
cinq exemplaires, dont vingt-cinq furent coloriés de sa
main, et, par un miracle d'économie, ne lui coûta pas
plus de cinq cents francs !

Il avait tenu à la faire paraître " afin qu'il subsistât
quelque chose de sa mission ", et n'en retira ni honneur,
ni profit. Il s'en consola, comme à l'ordinaire, en son-
geant que tout avait été mis en œuvre par lui pour
réussir : " De ce travail pénible, déclara-t-il, j'ai, du
moins, retiré une jouissance qui, pour moi, a toujours
balancé toutes les autres, celle de la difficulté
vaincue ! " (1)

On ne pouvait mieux placer son amour-propre !

L. Larchey allait, cependant, abandonner le Moyen-
Age pour de longues années ; c'est seulement en 1890
qu'il y revint en publiant un magnifique ouvrage sur le
blason.

Parmi les manuscrits de la bibliothèque de l'Arsenal se trouve inscrit, sous le numéro 4790, un *Armorial
de l'Europe au XVe siècle*, qui est le livre d'un officier
d'armes de Philippe le Bon, duc de Bourgogne. Il a été
tenu à jour de 1429 à 1461, et se compose de 74 figures
équestres coloriées, représentant des chevaliers dans leur
costume de tournoi, figures dont la reproduction offrait
de sérieuses difficultés.

(1) *Souvenirs de mission.*

L. Larchey commença par les calquer lui-même, mais, n'osant les enluminer, confia cette tâche à une artiste dont le travail, jugé défectueux, demeura inutile. Alors, sans plus d'hésitation, il se met à l'œuvre en s'efforçant de restituer à la peinture son aspect primitif. Travail fastidieux, accompli d'arrache-pied : « J'ai peint mes 942 blasons et 35 cavaliers, mais je reste bien hébété, nous écrivait-il de Menton, en juin 1889. Le reste, maintenant, ira tout seul ! »

Un texte descriptif et des tables dressées avec soin accompagnaient les figures.

Il ne s'agissait plus que de les faire chromolithographier : à cet effet, il se rend à Nancy, siège de l'imprimerie Berger-Levrault, où le livre doit être imprimé, et y trouve la récompense de ses peines dans la personne « d'un ouvrier excellent, d'un artiste comme il y en a peu, maintenant, dans les ateliers ». Grâce à lui, l'opération réussit au mieux.

Nous relevons ces détails dans sa correspondance où nous voyons, de plus, que l'ouvrage ne pouvant être, vu l'élévation de son prix, offert gratuitement, on dut se borner, pour la publicité, à l'envoi d'un prospectus « aux personnes que la chose intéressait directement. »

Ce beau livre, dont les exemplaires sur papier ordinaire ne se sont pas vendus moins de deux cents francs, décida L. Larchey à mettre à exécution le projet, depuis longtemps caressé, de publier une série de *Costumes vrais*, c'est-à-dire reproduits d'après des estampes dues à des artistes contemporains de leurs modèles : « Cela mène, nous écrivait-il, jusqu'aux incunables... Je sais, par expérience, que, chemin faisant, on peut rencontrer des merveilles, et je me repens de n'y avoir point pensé ! »

Pour réparer l'oubli, il édita à ses frais(1) une plaquette contenant les fac-similés de cinquante mannequins de cavaliers en grande tenue héraldique, gravés en noir d'après l'*Armorial du XVᵉ siècle*. Si la vente était fructueuse, la série devait continuer par cent fac-similés d'uniformes, de 1792 à 1815. Il n'en fut rien, et il dut abandonner ce projet, comme bien d'autres, avec le regret de n'avoir pu procurer aux artistes (car tel avait été son but), des documents d'une exactitude indiscutable, pour leurs travaux.

Le cadre de cette notice ne permet point de passer en revue tous ses ouvrages. On en trouvera, d'ailleurs, ci-après l'énumération, aussi complète que possible. Nous n'examinons, ici, que les principaux, au nombre desquels doit être placé son petit volume des *Gens singuliers,* paru en 1867, galerie d'originaux dont quelques-uns sont assez inattendus. Croirait-on, par exemple, que « Malherbe le classique, le Malherbe de Boileau », ait été jugé digne d'en faire partie, et qu'il le méritât? C'est qu'en effet le poète des *Stances à du Périer* refusait toute récompense à ses confrères les poètes, sous prétexte que, s'ils faisaient des vers, c'était pour leur propre agrément, et « qu'un bon poète n'est pas plus utile à l'Etat qu'un bon joueur de quilles! » Il disait aussi qu'après la composition de cent vers ou de deux pages de *vraie prose,* il fallait prendre dix ans de repos! La place de Malherbe était donc marquée à côté du maréchal de Castellane, de sir Francis Egerton, du marquis de Brunoy et des autres héros de ce livre, un des plus amusants qu'ait écrits l'auteur.

(1) Il aimait ce mode de publication qui lui laissait sa liberté ; s'il lui coûta cher quelquefois, il en fut dédommagé par des succès comme ceux de *Coignet* et du *Dictionnaire des Noms.*

Une importante contribution à l'histoire de l'Esprit français est *L'Esprit de tout le monde*, qui comprend deux séries, *Les Joueurs de mots* et *Les Riposteurs*. C'était une compilation, et, pour que nul ne l'ignorât, L. Larchey l'écrivit sur le titre (1). Il l'eût proclamé plus haut encore, si c'eût été nécessaire, car, au rebours de l'opinion généralement reçue, il ne méprisait point ce genre de travail : « Ne compile pas qui veut! » répondait-il aux dédaigneux, avec son fin sourire.

Quelques années auparavant, (1886), il avait fait paraître, sous le titre de *Nos vieux proverbes*, un livre dans lequel chaque « Proverbe » est expliqué, commenté, illustré. Un certain nombre avaient été insérés précédemment dans *Le Monde illustré*, sous forme de devinettes : il mettait le premier mot de la phrase sous le dessin, et le lecteur était chargé de trouver le reste. Les soixante-douze dessins du volume ont été exécutés d'après des croquis de L. Larchey, dont la préface reproduit deux spécimens donnant un aperçu de son talent (2). Dans le même ordre d'idées, il avait déjà exécuté les frontispices de ses *Excentricités du langage français*, copié des miniatures anciennes pour ses *Origines de l'artillerie*, calqué les figures de l'édition in-16 du *Coignet* et du *Fricasse* (3), et celles de l'*Armorial*.

<hr>

(1) Le titre porte : « *L'Esprit de tout le monde*, compilé *par Lorédan Larchey*. »

(2) Le mot « talent » n'est pas trop fort, s'il peut s'appliquer à des dessins faits avec esprit. On en trouve d'autres spécimens dans la collection de M. Gabriel Cottreau auquel il a donné, jadis, des croquis de scènes de la vie militaire, alors qu'il était brigadier d'artillerie ; et au Musée Carnavalet, où ont conservées de très curieuses aquarelles de lui, représentant *Les Corps provisoires de 1848*, depuis les « *Bataillons d'étudiants* », jusqu'aux « *Gardes marines* » et aux « *Volontaires polonais* » dont son ami Nadar fit partie.

(3) Pour l'édition in-4° du *Coignet*, il avait calqué des costumes dans les collections de gravures Martinet et Genty, obligeamment mises à

On voit qu'il n'épargnait point sa peine. Il la calculait moins encore lorsqu'il s'agissait d'obliger un camarade : quand Louis Lacour mourut, en 1891, après avoir terminé, pour la Bibliothèque Elzévirienne, le tome X des *Œuvres complètes de Brantôme,* qui devaient en compter XIII, on trouva un testament priant L. Larchey de se charger des trois qui restaient à faire. Chose d'autant moins facile à réaliser qu'il n'habitait plus Paris ! Il accepta cependant, et les trois derniers tomes ont été son œuvre. Ce fut un travail pénible, eu égard, surtout, au dernier volume, contenant la *Table ;* la note suivante, écrite de sa main, en fait foi : « La *Table générale,* dit-il, va de la page 109 à la page 329. Elle englobe *l'Erratum.* Elle est précédée d'une *Introduction* spéciale, pages 91 à 108, que j'ai tenu à faire contradictoirement à celle de Mérimée, avec la permission des derniers éditeurs. Ce doit être le seul fait de ce genre à citer en librairie. Sous sa forme réduite, ce travail a été, pour moi, considérable. »

Si « considérable » qu'eût été la besogne, il ne voulut point signer, et cela « dans l'intérêt de l'entreprise ! » « Il ne faut pas, nous écrivait-il, changer d'enseigne trop souvent ! Je n'agis, ici, ni par amour-propre, ni par intérêt, mais pour accomplir le vœu d'un ancien

sa disposition par M. Gabriel Cottreau. Mais la maison Hachette leur ayant préféré les dessins d'un artiste contemporain, Julien Le Blant, L. Larchey projetait de les affecter à la seconde série de ses *Costumes vrais,* série qui n'a point vu le jour.

Quant à l'édition in-16 (exemplaires à six francs), les types qu'il y a reproduits sont extraits de l'œuvre de Duplessis-Bertaux, et des imageries allemande et messine.

Enfin la grande parade de Mayence du *Journal de Fricasse* a été calquée sur la rarissime feuille gravée ayant appartenu à M. Dubois de l'Estang, et, donnée, par celui-ci, avec toute sa collection, à l'École des Beaux-Arts. Le surplus provient de la Bibliothèque Nationale.

camarade, et je le fais avec autant de soin que s'il s'agissait de moi seul. (1) »

Le nom de L. Larchey peut, à bon droit, être regardé
comme synonyme de *désintéressement* !

Il ne tenait, d'ailleurs, pas plus aux citations des journaux qu'à sa signature, et n'a jamais désiré les premières
que dans l'intérêt de ses éditeurs. Que son livre, que son
article parussent en temps utile, il ne demandait rien de
plus. Nous le vîmes bien un jour où, son nom ayant été,
sans son aveu, remplacé par un pseudonyme, au bas
d'une chronique du *Petit Moniteur*, il nous écrivit : « Je
n'avais pas demandé à passer sous la couverture de
Robinson, mais cela m'irait très bien, à l'avenir, tenant
moins à voir mon nom qu'à voir chaque chose paraître
en son temps ! »

Longtemps il insista auprès de M. le docteur Dorveaux
pour le décider à utiliser des vieilles recettes médicales,
par lui patiemment collectionnées. Non qu'il eût été
incapable de les mettre en œuvre (ses connaissances en
médecine le lui eussent permis), mais il estimait qu'un
professionnel tel que le distingué bibliothécaire de
l'École supérieure de Pharmacie était plus qualifié que
lui pour s'acquitter de ce travail dont l'*Almanach des
Vieux secrets* avait été le précurseur.

Il nous reste à parler de l'ouvrage auquel, sur la fin
de sa vie, L. Larchey attacha le plus d'importance
et consacra le plus de temps ; le *Dictionnaire des
Noms*.

Deux journaux en avaient eu la primeur : pendant
l'année 1875, il avait publié, dans le *Petit Moniteur*, sous
le titre de : *Nos noms expliqués*, les premiers résultats

(1) Lettre du 2 février 1892.

de ses recherches sur les Noms de famille. Il continua
sous le titre de : *Votre nom? Causeries d'un chercheur*, à
l'*Illustration*, en 1876 et 1877. Comme il offrait aux lecteurs curieux de l'étymologie des leurs, de les renseigner
à ce sujet, il s'attira une correspondance émanant des
classes les plus diverses de la société, où il vit la preuve
« que le désir de connaître l'origine de son nom est un
besoin instinctif, presque impérieux, aussi bien chez le
paysan et l'ouvrier que chez l'homme du monde ». C'est
ce qui l'encouragea à poursuivre ses investigations.

Le *Dictionnaire des Noms* n'a eu qu'une édition, parue
en 1880. Elle avait été précédée d'un essai, dont les sept
premières feuilles seulement furent tirées, puis détruites,
un exemplaire excepté (1). Sur sa première page,
on lit une note manuscrite de L. Larchey, ainsi conçue :

« *Exemplaire unique de cet essai, le reste ayant été
détruit par moi. N'a jamais été distribué, ni publié* ».

Pourquoi cet autodafé? Les corrections manuscrites,

(1) Cet exemplaire est entre nos mains. La dernière page, portant
le numéro 56, s'arrête au mot *Castille*. En voici le titre exact :

« *En vente chez De Soye et fils, imprimeurs, 5, place du Panthéon,
Paris :*

« Dictionnaire étymologique des noms de personnes les plus répan-
dus en France, par Lorédan Larchey.

« Les dix premières livraisons sont en vente. Souscription à dix
livraisons formant 80 pages in-8° à deux colonnes. Quatre francs.

« Tout souscripteur dont le nom ne se trouverait point expliqué
d'avance ici, aura droit à la recherche de ce nom dans la deuxième
édition. Il ne sera mis en vente de cette première édition que quatre
cents exemplaires sur papier vergé teinté ».

Ce qui précède se lit sur la couverture, qui sert de titre.

Au verso : « Abrévations, indication sommaire des ouvrages
consultés ».

56 pp. y compris l'*Avertissement*.

Texte imprimé sur deux colonnes.

Tirage à 500 exemplaires.

en marge des pages, nous en fournissent l'explication :
L. Larchey s'étant aperçu, au cours de l'impression, des
imperfections de son travail, avait pris le parti de l'interrompre, pour le remettre sur le chantier.

L'édition ne parut qu'en 1880, dans le format in-12 et
aux frais de l'auteur, qui mit les volumes en vente à la
librairie du *Moniteur*.

Elle comprenait 20.200 noms relevés sur des annuaires,
et avait été tirée à 1600 exemplaires que leur prix de
sept francs n'empêcha point de s'écouler rapidement.
On n'en trouve, aujourd'hui, qu'avec une extrême difficulté chez les libraires, où ils se paient couramment
20 et 25 francs.

Pour pousser la vente, L. Larchey lança, l'année
suivante, un *Almanach des Noms,* publié à 0,50 centimes,
dont il fut tiré 3000 exemplaires. Il avait le goût des
almanachs : en décembre 1870, il exécuta, en quatre
jours, un *Almanach des Assiégés* qui obtint les honneurs
d'un triple tirage, s'élevant à 30.000 exemplaires au
moins. En 1878, il a donné un *Almanach des Vieux
secrets et des Anciennes recettes,* dont les deux éditions
l'encouragèrent à amasser les matériaux d'une troisième, beaucoup plus importante, dont il a été parlé
ci-dessus. Elle n'a point vu le jour.

Ajoutons qu'il avait conçu l'idée d'un *Almanach des
bonnes adresses:* ayant remarqué que les annuaires ne
fournissaient point l'indication de toutes celles dont on
peut avoir besoin, qu'un grand nombre de spécialités y
étaient omises, et que la révélation de leur existence serait
aussi profitable à ceux qui les exerçaient qu'à ceux qui en
usaient, il avait pris la peine d'en recueillir un peu partout,
sur les affiches de la rue, comme dans les annonces des
journaux, et de les classer alphabétiquement. Ce travail,
qui s'écartait du cercle de ses occupations habituelles,

n'en prouve que mieux son désir d'être utile par tous les moyens possibles. Il faut aussi reconnaître qu'une pareille entreprise pouvait devenir féconde en résultats financiers. Pourtant, son plan ne fut point goûté des éditeurs qui, détail amusant, lui répondaient invariablement : « C'était mon idée ! » mais n'en refusaient pas moins de tenter l'aventure, de sorte que les documents restèrent sans emploi.

Pour en revenir à l'*Almanach des Noms*, paru après le *Dictionnaire,* disons qu'il portait une couverture pliée, sur la partie interne de laquelle on lisait :

Demande de recherche

———

Nom . . . .

Adresse . . . . . .

Pays d'origine. . . .

Observations . . . .

Il suffisait de détacher ce bulletin et de le mettre à la poste, pour obtenir satisfaction. Procédé ingénieux et auquel l'édition dut, en partie, son prompt épuisement.

Pendant ses dernières années, L. Larchey se livra avec passion à ce travail des Noms, pour l'exécution duquel il avait réuni nombre d'annuaires et de dictionnaires français et étrangers. Pourtant il différait, malgré les instances dont il était l'objet de la part des lecteurs de la première édition, le moment d'en donner une seconde, parce qu'il entendait la porter à un degré de perfection qui le satisfît. Il ne nourrissait, d'ailleurs, vu les proportions prises par son ouvrage, aucune illusion sur le sort qui l'attendait, et savait qu'il ne le termi-

nerait point. Mais il se plaisait tant à ces délicats
problèmes, que la question de publication lui était
devenue indifférente :

« Vous ne sauriez croire, nous écrivait-il le 16 novembre 1895, ce qu'on y trouve de plaisir, une fois engagé !
Pour moi, je ne m'en lasse point, et ma consolation est
dans la certitude de ne le faire jamais comme je le voudrais. Je décéderai auparavant ! » Il ne voyait que trop
juste !

Selon son calcul, cette seconde édition devait comprendre 80.000 noms, au moins. Un coup d'œil sur
le manuscrit, aujourd'hui déposé à la bibliothèque de
l'Arsenal, permet d'apprécier l'importance du travail,
où des signes conventionnels devaient réduire au minimum la grosseur du volume imprimé.

Seules, les lettres A et L (cette dernière donnant,
selon L. Larchey, la clef de toutes les autres), sont terminées et mises au net, mais le reste est suffisamment
élaboré pour rendre des services aux curieux et aux
chercheurs. Voici comment, dans un court avant-propos, il explique la lenteur de sa marche :

« Pas un jour ne s'est écoulé, depuis la première
édition, sans le regret de mes fautes. Aussi ai-je résisté
à la tentation d'un nouveau tirage. Je ne voulais reparaître que corrigé, et j'y ai mis le temps.

« Pour ma décharge, je dois dire que mon entreprise
avait eu l'originalité, — je n'ose dire le mérite, — de ne
pas présenter *un choix* de noms à expliquer, ce qu'on
avait fait avant moi, jusqu'alors. Et, en cela, on avait
grandement raison, au point de vue scientifique, qui
veut un terrain limité et reconnu avec soin. J'avais été,
comme toujours, dominé par l'ambition de vulgariser
quand même. Ne reculer devant aucun nom m'avait
paru le meilleur moyen de montrer que je m'adressais

à tout le monde... Prenant donc un *Almanach Bottin*, j'avais transcrit les noms portés, à Paris, par plus de cinq personnes. Aujourd'hui, je les donne tous sans exception, en ajoutant les noms relevés sur d'autres annuaires... »

Une telle réunion de documents lui permettait d'envoyer, aux journaux qui lui en faisaient la demande, quelques explications de noms intéressant leurs régions. C'est ainsi qu'on trouve des étymologies de noms aixois dans *Le Mémorial d'Aix*, de noms lorrains dans *Le Messin*, de noms marseillais dans *Le Petit Marseillais*, etc., etc. Ajoutons qu'il a donné, en 1896 et pendant les années suivantes, à l'*Almanach Hachette*, une page ou deux sur l'étymologie des noms marquants de l'année écoulée.

III

La collaboration de L. Larchey aux périodiques dont il vient d'être parlé nous offre l'occasion de dire quelques mots de sa carrière de journaliste.

Il a fondé et dirigé quatre revues : *la Revue anecdotique, la Petite Revue,* sur lesquelles nous n'avons point à revenir, *le Petit Bulletin du Bibliothécaire,* et *la Mosaïque.*

Le Petit Bulletin du Bibliothécaire, paru en 1866, aux frais de son fondateur, fournit une preuve nouvelle de la vivacité de son goût pour la carrière qu'il avait embrassée. Malheureusement, l'indifférence du public auquel ces numéros de huit pages s'adressaient, l'obligea à interrompre, après le quatrième, leur publication. Et cette suppression fut d'autant plus regrettable qu'ils constituaient, malgré la spécialité des matières traitées, et grâce à l'habileté du rédacteur, une lecture aussi intéressante qu'instructive.

L'abaissement à 2 fr. 50 du prix de l'abonnement,

marqué 4 fr. sur les deux premiers numéros, ne sauva point du naufrage cette modeste feuille dont L. Larchey racontait en riant qu'elle n'avait jamais eu que quatre abonnés, auxquels il n'avait point manqué de rembourser leurs souscriptions, quand elle avait cessé de paraître.

En 1873, à la demande de Paul Dalloz, désireux de fonder, sans délai, une revue illustrée sur le modèle du *Magasin pittoresque*, L. Larchey, prépara, en deux mois, *La Mosaïque, revue pittoresque illustrée de tous les temps et de tous les pays.* Ses débuts furent heureux ; on tirait à 18.000 exemplaires. Ayant cru, néanmoins, au bout de six mois, devoir se retirer, il présenta un successeur, M. Eugène Muller, qui resta directeur de *la Mosaïque* jusqu'en 1877, époque où il fut remplacé par P. Tisserand, chef du service des travaux historiques de la Ville de Paris. Le tome I de *la Mosaïque,* en vue de laquelle L. Larchey avait réuni nombre de clichés reproduisant des gravures anciennes d'où le recueil tirait une part de son originalité, peut être considéré comme son œuvre ; une note trouvée dans ses papiers, nous apprend, en tous cas, que les articles anonymes sont de lui.

Le premier grand journal dont il ait été le collaborateur attitré fut *le Monde Illustré*, où il entra en 1864, après avoir cédé *la Petite Revue* à l'éditeur Pincebourde. Il ne le quitta qu'en 1872 ,pour y rentrer en 1885 et y rester jusqu'en 1887. Il y a publié des comptes-rendus bibliographiques, des chroniques, et, sous le titre général de *Revue anecdotique*, des extraits de Mémoires sur le Premier Empire et la Première République.

Le Monde Illustré était alors, comme *le Moniteur Universel, le Petit Moniteur, la Petite Presse, la Presse Illustrée,* sous la haute direction de Paul Dalloz, qui appré-

ciait trop les services de L. Larchey comme rédacteur
de la première de ces feuilles, pour ne point l'employer
aux quatre autres. C'est ainsi qu'il collabora longtemps
au *Moniteur* et au *Petit Moniteur* (il fut envoyé dans l'Est
par le *Moniteur*, en juillet 1870, pour rendre compte de
la situation militaire), et fit, en 1868, la chronique de *la
Petite Presse*. En outre, il rédigea entièrement, sous un
autre nom, en 1872-73, *la Presse illustrée*.

Avant d'entrer dans la « Maison Dalloz », L. Larchey
avait écrit dans plusieurs journaux de Paris, parmi lesquels nous citerons *l'Abeille impériale* (1853-54), où il se
chargea du bulletin bibliographique et, — une fois n'est
pas coutume ! — des Théâtres ; *le Courrier de Paris* (1859) ;
la Vie moderne (1859) ; *Le Figaro* (id).

Son activité, la variété de ses connaissances lui per-
mirent, en outre, d'aborder les sujets les plus divers dans
de grandes revues, telles que *la Revue contemporaine, la
Revue bleue, le Correspondant, la Revue britannique ;* dans
des périodiques spéciaux comme la *Revue alsacienne*
dont il fut un collaborateur assidu en 1886-87, pendant la
direction de son ami Charles Mehl, *la Nature, le Magasin
pittoresque, le Journal des Arts ;* dans des revues d'érudition comme *l'Athenæum, le Bibliophile français, le
Moniteur du Bibliophile, le Livre, la Revue biblio-iconographique, le Bulletin du Bibliophile.* Les trois derniers
ont bénificié de fragments de *Mémoires* d'autant plus
précieux qu'il paraît n'en avoir guère laissé d'autres (1).

---

(1) Il a écrit, sous le titre de « *Ceux que j'ai connus* », des *Mémoires*
dont nous n'avons, malheureusement, retrouvé que de rares fragments dans ses papiers. Un certain nombre de dossiers portant les
noms des personnages passés en revue, sont rangés par ordre alphabétique, mais vides pour la plupart ; il est donc à craindre que ce travail
n'ait été détruit. Il s'en occupait depuis longtemps, si l'on en croit la lettre suivante, écrite en septembre 1901 : « Mes *Souvenirs* sont à bâtons

Quant aux journaux de province, citons *le Courrier de la Moselle, l'Impartial du Rhin, le Progrès de Lyon, le Petit Marseillais, le Sémaphore de Marseille, le Mémorial d'Aix.* Quelques fragments de ses *Souvenirs* ont paru dans *le Mémorial,* mais cette feuille, à laquelle il a collaboré six ans, a surtout reçu de lui des chroniques, et celles-ci bien qu'écrites au courant de la plume, mériteraient,

rompus, c'est souvent assez bohême, c'est-à-dire ayant trait à des scènes vues dans ma jeunesse. En réalité, je m'abandonne, depuis huit ans, à ce genre d'exercice. C'est souvent aux heures mauvaises que j'évoque les choses les plus gaies ! »

Et ailleurs : « Je griffonne mes Souvenirs *con amore* » (1889).

Leur disparition serait une vraie perte pour l'histoire littéraire du XIXe siècle, car L. Larchey fut en relations avec la plupart des hommes de Lettres de son temps. Par contre, on y eût vainement cherché, sans doute, des détails sur sa famille. Nous en avons dit un mot, au début de ces pages. Ajoutons que sa grand'mère maternelle, Henriette de Marion, s'était liée à Vienne, pendant l'émigration, avec la jeune Marie-Louise d'Autriche, parce qu'une de ses cousines ayant épousé le prince de Lambesc, tenait rang à la Cour. Elle signait, en cette qualité, *Victoire de Lorraine.*

Voici deux billets de Marie-Louise à Mlle de Marion ; nous conservons l'orthographe des manuscrits originaux :

« Ma chère Henriette, je t'en prie, viens demain. Peut-être peindrons-nous des œufs, et là, je t'en prie, peint aussi avec *(sic),* car tu verras que nous avons fait des beaux œufs. Je t'en prie de dire à ton frère, en mon nom, mille compliments de ma part, et dis lui que je voudrais avoir l'honneur de le voir, car ce sera un vrai plaisir pour moi. Et bien je suis de tout mon cœur, ta attachée amie.

« LOUISE. »

« Ma chère Henriette, j'ai bien du plaisir quand nous irons promener ensemble, et là je vous ferai un bouquet avec deux oillets *(sic)* et de la lavande. J'ai reçu, ce matin, un corset que je porte toujours. J'ai reçu un superbe bouquet d'œillets du jardinier. Hier, j'avais, le matin, une très jolie robe rouge brodée en rose blanches, avec une guirlande de feuille verte.

« Dites au comte Colloredo que je lui fait mon compliment et que je souhaite qu'il vienne bientôt chez moi.

« Adieu. Au plaisir de vous voir. Je suis, avec amitié, votre fidelle amie.

« LOUISE.

« Le 23 juillet 1799. »

par la justesse de leurs vues sur les hommes et les choses du temps présent, comme sur ceux du temps passé,
le titre de *Grains de bon sens* qu'Alphonse Karr a donné
à quelques-unes des siennes.

De ce qui précède, il est aisé de déduire que L. Larchey fut un grand travailleur ; il fut aussi un honnête
homme, — et quelque chose de mieux, peut-être, car il
est difficile d'imaginer à quel point étaient poussées, chez
lui, les qualités qui le constituent, la délicatesse, entre
autres. C'était un héritage de famille : son ami le docteur
Gustave Barré, mort avant lui, nous contait qu'elle
exista au même degré chez le général Larchey, son père,
et nous citait, à ce propos, l'anecdote suivante :

Passant, un jour, avec lui, par une chaleur accablante, auprès d'une vigne, le docteur se baissait pour
cueillir un grain de raisin, car il avait grand soif,
quand il se sentit saisir par le bras : « Malheureux !
s'écriait son compagnon, qu'allez-vous faire ? C'est un
vol ! »

Tout L. Larchey est dans ce mot. La seule idée de
causer un préjudice à autrui, si mince fût-il, le troublait
profondément. Nous l'avons vu renoncer à un titre de
livre, parce qu'un confrère l'employait dans un journal,
et qu'il craignait de le désobliger. Une autre fois, ayant
été constitué légataire de manuscrits curieux, mais restés
entre les mains d'un tiers, il ne voulut point les réclamer, parce que le détenteur paraissait y tenir : « Je
crois réellement, nous disait-il à ce sujet, que X... (le
testateur), a fait erreur en me les attribuant, et que son
intention véritable a été de les lui donner ! » Et les
les manuscrits ne furent point restitués !

On raconte qu'Émile Augier priait les directeurs de
Théâtres de ne jouer ses pièces qu'après celles de

ses confrères désireux de passer avant lui : auteur dra-
matique, L. Larchey n'eût, certainement, point agi
d'une autre manière !

Pour les questions d'argent et tout ce qui s'y rattachait,
sa délicatesse était plus grande encore, s'il est possible :
il lui est arrivé, en apprenant qu'un de ses livres ne se
vendait point, de refuser ses droits d'auteur et d'offrir
même à l'éditeur de prendre à sa charge les frais d'impression. Voici, dans un ordre d'idées analogue, un fait
caractéristique :

Un jour, (c'était vers 1865), le docteur Barré, qui
demeurait rue Mazarine, le conduisit voir, dans une
chambre située à un étage supérieur de sa maison, une
malle abandonnée contenant, disait-il, un trésor : des
liasses de papiers paraissant avoir appartenu au cardinal Fesch !

« La caisse se trouvait, nous écrivit plus tard, à ce
sujet, L. Larchey, contre un mur près de la fenêtre donnant sur la rue. Elle n'était pas fermée. Le couvercle se
levait à volonté. Les papiers y étaient empilés pêle-mêle.
Je regrette de n'avoir rien regardé de plus près que
l'adresse du cardinal Fesch, mais j'ai toujours eu peur
des trésors qu'on me dit n'être à personne ! Barré m'a
déclaré plusieurs fois que tous les papiers intéressaient
la famille impériale ».

On ne saurait croire le bien qu'avec des ressources
modiques, il parvenait à faire autour de lui. Les demandeurs en abusaient, naturellement, et c'est leur multiplicité qui l'obligea à quitter une ville où il avait planté
sa tente, pour en gagner une autre où il espérait être
moins sollicité. Incapable d'un refus, il serait infailli-
blement tombé dans la gêne, sans ce déplacement.

Après sa retraite, il habita successivement Aix-en-

Provence, Nice et Menton. Il était dans cette dernière
ville, au moment du tremblement de terre de 1887.
Grâce à ses habitudes matinales, il put, dès la première
secousse, descendre habillé de la chambre de son hôtel,
rassurer les affolés, se mettre à leur tête et les
conduire dans la montagne, sous le toit d'un paysan de
ses amis (les humbles l'ont toujours été), où il resta
plusieurs jours avec eux, persuadé qu'ils s'y trouvaient
plus en sûreté qu'au bord de la mer. C'est à la suite de
cet événement qu'il tira d'embarras, en la prenant à
son service, où elle est restée jusqu'à sa mort, l'hôtesse,
que la catastrophe avait ruinée.

Mais combien d'autres preuves de générosité n'a-t-il
point données ! Il professait, à l'égard des biens matériels, une théorie qui ne manquait point de justesse :
« Notre passage ici-bas, disait-il en propres termes, com-
porte-t-il une vraie possession de n'importe quoi ? » Et
il ajoutait : « Tout est transitoire, et l'avenir économique
qu'on prépare accusera bien plus encore ce caractère ! »
Il parlait ainsi au moment de la vente de la bibliothèque
de son ami Charles Mehl. Il déplorait que, sourd à ses
objurgations, celui-ci n'eût point pris, de son vivant, des
dispositions propres à prévenir la dispersion de ses
livres, dispersion qui eut lieu, en effet, après sa mort (1).
Mieux avisé fut notre regretté collègue Eugène Asse qui,
sur son conseil, n'hésita point à se dessaisir de ses collections au profit de la Bibliothèque de Versailles dont
la bonne tenue avait frappé L. Larchey. On peut donc
dire que si la « salle Eugène Asse » est, aujourd'hui, un
des ornements de cet établissement, c'est à lui qu'elle le
doit.

(1) Seule, la collection alsatique de Charles Mehl (il était de Strasbourg) a survécu. Sa légataire universelle, Mme Ackermann, en a fait
don à la bibliothèque de Nancy où elle est conservée.

Grande était la simplicité de ses mœurs, et cette qualité, rare de nos jours, était une de celles qu'il appréciait le plus dans autrui ; il la regardait, disait-il, comme « la première des distinctions ».

S'il a pu, comme bien d'autres, devenir, parfois, la victime de sa bonté, du moins s'en est-il toujours rendu compte, et plus d'un s'est dupé lui-même qui a cru l'avoir pris pour dupe. Car ce fut, chez lui, un principe dont il ne se départit point de ne jamais se plaindre, jugeant les lamentations « aussi piteuses qu'inutiles ».

Une fois, cependant, il lui arriva de donner une leçon à un confrère (un romancier dont le nom est resté célèbre) qui lui avait dépareillé un ouvrage auquel il tenait. Il a conté le fait dans une lettre adressée à M. Désiré Lacroix :

« L'illustre X*** m'a dépareillé mes *Supercheries littéraires* de Quérard, (édition Daffis, Iᵉʳ tome). Je ne lui avais pas prêté volontiers.

« — Je vous préviens, si vous ne rendez pas au jour convenu, lui avais-je dit, que je renouvelle ma réclamation à chaque rencontre. Les dictionnaires ne se prêtent pas !

« Ce qui fut fait presque chaque jour, car il venait au *Moniteur* continuellement. Je finis par lui être importun.

« — Je vois bien qu'il faudra que je vous paie! dit-il en sondant avec fierté son gousset.

« — Il y a des choses qu'on fait et qu'on ne dit pas !

« Je le regardais bien en face. Le doigt sortit du gousset sans argent. 1870 arriva. X*** alla mourir à Bordeaux, et sa succession ne me rendit jamais mon tome des *Supercheries*, qu'il avait certainement gardé! »

Ce serait méconnaitre le caractère de L. Larchey que

de lui attribuer, dans cette circonstance, un autre mobile
que le désir de voir jusqu'où son emprunteur pousse-
rait le manque de scrupules. Il ne saurait être question,
par exemple, de susceptibilité, défaut qui n'était pas le
sien, bien que nous lui en ayons, parfois, entendu adresser le reproche. Il était, au contraire, comme tous les
hommes sévères pour eux-mêmes, indulgent pour
autrui, et gardait, comme il le disait, sa susceptibilité
pour les choses qui en valaient la peine. Mais alors il
savait se faire respecter, et il l'a prouvé plus d'une fois !

Profitons de cette excursion sur le terrain philosophique pour citer certaine théorie sur l'ingratitude qu'il se
plaisait à développer et dans laquelle on reconnaîtra
autant de justesse que d'originalité :

« L'ingratitude ne fait tort qu'aux ingrats, nous écrivait-
il, et laisse le droit de les juger, non en *créancier*, mais
en homme. J'ai remarqué, du reste, que la gratitude
(c'est-à-dire l'expression du bon souvenir, non le paiement
d'une dette), marchait avec d'autres qualités dont la première était le respect de soi-même, qui est la vraie
noblesse d'âme : « On trouve dans toutes les classes de la
société de belles âmes, me disait le père de Sacy. Mais
partout elles sont rares. Mon porteur d'eau (il y en avait
alors dans Paris), a une belle âme ; beaucoup de nos collègues de l'Académie n'en ont point ! (1) »

Le mot de Silvestre de Sacy est applicable à celui qui
le cite : il suffisait d'avoir cherché à lui être agréable une
fois, pour devenir l'objet d'une reconnaissance sans fin.
La reconnaissance ! qualité rare, et sur laquelle on
serait imprudent de compter ! Combien avisés sont ceux
qui n'espèrent d'autre récompense des services rendus
qu'une satisfaction morale ! C'est ainsi que L. Larchey

____

(1) Lettre du 16 novembre 1899.

voyait les choses : il répétait qu'il fallait s'entr'aider par devoir, sans autre considération.

« Il faut aider qui le mérite, non seulement par intérêt pour lui, mais par obligation personnelle. Cette obligation n'est, par le fait, que ce que la religion appelle *Charité*, dans le sens élevé du mot. Nous en avons ravalé le sens, qui comprend bien des devoirs de premier ordre, en politique comme ailleurs. Mais on ne veut pas s'en douter ! Toujours est-il que j'ai conservé, de mon côté, comme au premier jour, le culte des hommes qui m'ont témoigné et prouvé leur sympathie. Et cela d'autant plus que, sans être pessimiste déclaré, je me suis résigné d'avance, je ne dis pas à la mauvaise fortune, mais à la plus médiocre. Ce qui m'est arrivé de bon a toujours été une surprise.

« Mais le vrai bonheur de cette vie m'a toujours paru d'être en règle avec soi-même. Et c'est pourquoi il se faut entr'aider ! (1) »

S'il en va réellement ainsi, L. Larchey fut un homme heureux, car le désir d'être utile à qui en paraissait digne fut son constant souci, et si tous ceux dont il a été le bienfaiteur avaient pu suivre ses funérailles, à Menton, le 12 avril 1902, nul doute que l'église n'eût été trop étroite pour contenir la foule.

C'est, ici, le lieu de faire connaître la manière dont fut fondée, grâce à lui, la *Revue rétrospective* de 1884.

Nous étions, alors, attaché depuis peu à la Bibliothèque de l'Arsenal, où il remplissait les fonctions de conservateur. Bien que travaillant dans une salle à quelque distance de la sienne, nous voyions parfois passer devant nous, pour les besoins du service, un homme grand, maigre, un peu voûté, au visage large et

(1) Lettre du 31 octobre 1899.

osseux, mais éclairé d'un sourire aussi plein de finesse
que de bonté, à la barbe et aux cheveux grisonnants,
aux yeux bruns, petits et vifs, qu'il clignait souvent,
car il était extrêmement myope, et se servait, pour
vous reconnaître, d'un monocle tiré de son gilet et
presque aussitôt remis dans sa poche.

Quelques mots relatifs à des amis communs rompirent
la glace, et nous fûmes, assez souvent, ensuite, déjeuner
ensemble dans le voisinage de la Bibliothèque. Encou-
ragé par sa bienveillance, nous lui confiâmes nos projets
de travail et ne lui cachâmes point notre inclination
pour la poésie, le théâtre, le roman : « Croyez-moi, ré-
pondit-il, n'en faites que si vous vous sentez une *parcelle
de génie*. Sinon, occupez-vous d'autre chose : l'histoire,
l'érudition, la bibliographie vous fourniront des occupations plus modestes, peut-être, mais, avec elles, du
moins serez-vous sûr de ne pas perdre votre temps ! »

Si malaisé qu'il soit, à vingt ans, de se refuser,
surtout en espérance, une «parcelle de génie», la sincé-
rité de l'intérêt que nous sentions dans ces paroles était
faite pour nous convaincre. Puis, il citait son propre
exemple : « Dans ma jeunesse, disait-il, j'avais des dispositions pour les Arts. Ce fut mon père qui m'en dé-
tourna, et j'ai pensé, depuis, qu'il n'avait point eu tort ! »

Il nous traça, ensuite, le plan d'une revue uniquement
consacrée à la publication de documents relatifs au
XVIIIᵉ et au XIXᵉ siècles, dans le goût de ceux qu'il avait
publiés naguère : « J'aurais quinze ans de moins,
ajoutait-il, que je n'hésiterais pas à l'entreprendre, car
l'heure est propice, mais, à mon âge, les mille soins
qu'exige un périodique m'effraient ! Si vous vous laissez
tenter, celui-ci ne vous donnera pas la gloire, assuré-
ment, mais le temps ne fera qu'en consacrer la valeur,
et vous trouverez votre récompense dans la satisfaction

des services qu'il rendra. Il faudrait, autant que possible, ne prendre que les relations dont les auteurs parlent « à la première personne ». Le *Je* donne de la couleur et de la confiance. Persuadez-vous, surtout, que la besogne n'est point d'ordre inférieur, puisqu'il s'agit de la recherche de la vérité ; que, d'ailleurs, les difficultés ne manqueront point, car il ne faut pas l'oublier, rien n'est aisé, dès qu'on met la plume à la main ! (1) »

Il nous tenait ce langage un matin, dans son appartement de la Bibliothèque de l'Arsenal. A peine achevait-il les derniers mots, que la porte s'ouvrait et livrait passage à un de ses vieux camarades, ancien collaborateur de la *Revue anecdotique*, qui avait acquis, avec le titre de baron, une grande notoriété comme journaliste, et... une suffisance en proportion.

La présentation faite, L. Larchey lui apprend que nous élaborons le plan d'une revue qui, par certains côtés, rappellera la *Revue anecdotique* : « Excellente idée,

----

(1) L. Larchey voulait qu'à la différence de la *Revue rétrospective* de Taschereau, celle-ci admît des extraits d'imprimés. Il alléguait, non sans raison, que des extraits bien choisis forment un ensemble curieux, et c'est pourquoi il nous conseilla le sous-titre : « *Recueil de pièces intéressantes et de citations curieuses* ». C'est aussi pourquoi les premiers numéros de la *Revue rétrospective* contiennent quelques documents qui ne sont point inédits.

Mais son ami Charles Mehl, ancien directeur du *Bibliographe alsacien*, homme de goût comme lui, nous fit observer d'abord que le public auquel notre recueil s'adressait préférait les documents *nouveaux* aux réimpressions ; qu'il fallait user modérément de celles-ci, et en faire l'exception, non la règle. Après mûre réflexion, nous nous rangeâmes à son avis, et il fut décidé que, sauf exceptions, la *Revue* ne donnerait que de l'inédit.

Ch. Mehl ne s'est point borné à ce judicieux conseil. Il n'a cessé, jusqu'à sa mort, arrivée en 1896, de nous prêter l'appui de son expérience et de son savoir. Nous sommes heureux de rendre à sa mémoire l'hommage reconnaissant qui lui est dû.

s'écrie le baron, idée d'autant meilleure qu'on peut,
tout en étant un parfait imbécile, gagner ainsi beaucoup
d'argent ! »

Nous étions, grâce à Taschereau et à L. Larchey, en
trop bonne compagnie pour que la première partie de la
phrase fût de nature à nous impressionner. Quant à la
seconde, le temps n'a que trop prouvé son inexactitude,
car, au bout de ses vingt années d'existence, la *Revue
rétrospective* était encore loin de réaliser les bénéfices
prédits !

L. Larchey nous avait, d'ailleurs, averti que la *Revue
anecdotique*, quoique très lue, ne compta jamais
qu'un nombre restreint de souscripteurs ; le chiffre qu'il
nous citait est même, exactement, celui des abonnés de
la *Revue rétrospective*, en ses dernières années. Notre
recueil ne lui doit donc que des remerciements pour les
encouragements qu'il n'a cessé de lui prodiguer, pour les
documents qu'il lui a fournis, pour les conseils, frappés
au coin de l'expérience, qu'il ne lui a point marchandés !

Ce n'est pas tout, et nous ne saurions nous dispenser
de donner ici une nouvelle preuve de la délicatesse de
ses procédés : au moment où, venant de prendre sa
retraite, il se disposait à partir pour la Provence, il avait
fait transporter chez nous, sous un prétexte, une collection de brochures dont quelques-unes eussent atteint
des prix élevés dans des enchères publiques. Nous
comprîmes le mobile de son acte quand il nous eut
engagé à mettre ces plaquettes en vente dans les
bureaux de la *Revue,* pour couvrir une partie de nos
frais, dont il se considérait comme responsable, parce
qu'il avait conseillé la publication !

Le trait n'est-il point touchant ?

Un sujet de travail dont nous lui devons l'indication
est celui qui a pour titre *Un protégé de Bachaumont, cor-*

respondance inédite du marquis d'Eguilles. On y voit
l'auteur des *Mémoires secrets* procurer, en 1745, à un
jeune homme auquel il s'intéresse, une mission secrète
en Ecosse auprès du prince Edouard Stuart, lui continuer son appui après le désastre de Culloden et pendant sa prison à Carlisle, enfin le soutenir, après son
retour en France, contre l'ingratitude d'un ministre
trop empressé à le désavouer. Nul doute qu'à la place
de Bachaumont, L. Larchey n'eût agi comme lui : il
nous en a donné des témoignages irrécusables !

Combien d'autres débutants ont bénéficié de la même
obligeance, pour ne citer que Félix Platel, son collaborateur de la *Revue anecdotique,* devenu célèbre au *Figaro*
sous le pseudonyme d'*Ignotus*! Sur un feuillet de son
premier ouvrage, les *Échos de Hombourg* (1), nous avons
trouvé la note suivante de la main de L. Larchey : « J'ai
revu, blanchi et émondé sa copie. Je l'ai fait imprimer,
et j'ai présenté pour lui la deuxième partie au *Figaro.* »
D'après cette note, il semble bien que l'auteur des *Échos
de Hombourg* lui dut son entrée au journal de Villemessant.

C'est encore lui qui a fourni à notre regretté confrère
Albert Rouxel le sujet et les premiers matériaux de ses
Chroniques des Élections de l'Académie française, ouvrage
aussi indispensable aux écrivains préoccupés des
annales de la docte compagnie, qu'à ses membres eux-
mêmes.

Bien que fort occupé par ses travaux et par les services
rendus à ses amis, il cultivait, à Paris, ses relations
littéraires et mondaines. Aussi, après sa retraite en
province, sa correspondance prit-elle des proportions

____

(1) Les *Echos de Hombourg,* scènes de jeu, par Étienne Pall, (Félix
Platel). Paris, Taride, 1856. In-12.

considérables. Pour ne parler que de nous, c'est par centaines que nous comptons ses lettres depuis 1886, et M. le docteur Dorveaux, un de ses amis les plus chers, s'en est vu adresser autant. Combien d'autres en ont reçu qui seront, un jour, recherchées pour leur forme non moins que pour leur intérêt au point de vue de l'histoire littéraire de notre époque !

Levé dès l'aube, son premier soin était d'absorber une tasse de thé tirée d'une des petites théières en grès japonaises dont, en raison de leur extrême fragilité, il avait toujours soin de se procurer d'avance une provision. Ensuite, jusqu'à l'heure de l'ouverture de la Bibliothèque, il travaillait, écrivant sur des feuillets inégaux où les corrections étaient nombreuses : « Plus il y en a, nous disait-il, meilleure est la copie. Ne vous laissez point abuser par ceux qui vantent la facilité d'un auteur, sous prétexte que ses feuillets sont vierges de corrections ! Soyez sûr que la bonne prose ne s'écrit point au courant de la plume ! Ceux qui ne font point de ratures sont doués d'une faculté spéciale : ils préparent, dans leur tête, des pages entières, qu'ils n'ont plus, ensuite, qu'à coucher sur le papier (1) ! »

Ces réflexions sur l'art d'écrire nous rappellent Balzac

---

(1) Tels étaient Victor Hugo et Théophile Gautier. A propos de celui-ci, M. E. Capiomont, actuellement propriétaire de l'ancienne imprimerie Bourdier, où il travaillait déjà en 1863, a vu, à cette époque, Gautier écrire son *Capitaine Fracasse* de la manière suivante : une table garnie, selon son désir, d'une boîte de cigares, d'une rame de papier blanc, d'une plume et d'un encrier, était préparée, pour lui, dans un coin des bureaux. Gautier s'y asseyait, allumait un cigare et, tout en le fumant, en le mâchonnant, selon sa coutume, rédigeait sans faire une seule correction. Le lendemain, il revenait et continuait à écrire à partir de l'endroit où il en était resté la veille, sans relire ce qui précédait, et toujours sans ratures !

Eût-il pu agir ainsi, si le texte n'eût été composé d'avance dans sa tête ?

qui, toujours mécontent de lui, se corrigeait sans cesse et de telle manière que non seulement sa copie, mais encore ses épreuves, en devenaient parfois peu lisibles. Or, si Alfred de Musset était le poète favori de L. Larchey, Balzac était son romancier préféré, et c'est à son sujet qu'il nous écrivit, en 1891, la lettre suivante, trop intéressante pour ne point être reproduite in-extenso :

« En 1853, j'avais entrepris une table raisonnée des personnages de Balzac, avec Ernest Auger. J'avais fait toutes les fiches de la Comédie Humaine (Paris et Province). Auger s'était chargé du reste.

« Quand le travail fut fini, je l'offris à l'éditeur Dutacq, qui venait de publier les *Contes drôlatiques* illustrés par Doré. Dutacq ne daigna point me répondre, et, avec la résignation que j'ai toujours eue en pareille matière, je me dis que mon entreprise devait être une erreur, puisqu'on n'en voulait point.

« Mes fiches étaient grandes, faites sur un bon papier vergé. Je les coupai philosophiquement en deux pour faire les tables de mon *Aubrion*. Dernièrement, j'ai vu qu'on avait publié un répertoire du même genre (1) et cela m'a fait penser à celui qui avait été détruit. Il avait nécessité une seconde lecture de Balzac, et il en était résulté, pour moi, un respect infini de son œuvre.

« Rien ne fait juger l'ordonnance d'une grande publication comme ce travail de table. J'ai vu seulement alors qu'il n'y avait pas un double emploi, et que tous les personnages restaient bien *dans la ligne*, pour parler comme dans les ateliers. Depuis, j'ai bien défendu Balzac contre les reproches d'immoralité, de désillusion, multipliés par des gens qui ne l'ont jamais lu dans un ordre logique. Car le moyen de comprendre Rubempré (c'est-à-dire la grandeur et la chute du talent que le sens moral abandonne), si on ne commence pas son histoire avec *Les deux Poètes*, et si on ne le suit pas

(1) *Répertoire de la Comédie Humaine*, par Anatole Cerfbeer et Jules Christophe (1887).

avec *Le grand Homme de Province, Splendeurs et Misères,
Un Drame à la Conciergerie* (1) !

« Presque toujours on lit d'abord *Splendeurs*, à cause du
mot *courtisanes,* et on n'y comprend rien. De même, accessoirement, *Le Père Goriot* (c'est-à-dire la bêtise de l'amour
paternel), doit être lu comme préparation à Rubempré, si on
veut avoir de Vautrin quelque idée. Mais les sots ne voient,
dans Goriot, que Rastignac, dans lequel ils tiennent à reconnaître le « marlou » du grand monde, tandis qu'il n'est pas
cela du tout. De Trailles, à la bonne heure ! Mais les moralistes ne le connaissent point et n'en parlent jamais.

« J'ai connu Gérard Séguin, qui a fait un des deux portraits
de Balzac, celui de la robe de moine. Il disait toujours que
Balzac l'avait considérablement agacé en parlant sans cesse
de lui-même avec un trop vif sentiment de sa puissance. J'ai
entendu répéter cela par d'autres, ce qui me fait penser que
ce devait être vrai.

« Par le fait, il avait acquis le droit de parler de lui. Ce
sentiment de sa valeur se retrouve exprimé très fièrement,
si je ne me trompe, dans sa profession de foi de 1848.

« Pour en revenir au reproche d'immoralité adressé couramment à Balzac, j'ai toujours observé qu'il venait des
gens les moins moraux. En comptant bien, on trouve aussi,
chez lui, autant d'honnêtes gens que ce bas monde en possède, — je devrais dire « en possédait », car je crains que
le chiffre n'ait baissé (2) ! »

(1) Il n'y a point de roman de Balzac intitulé *Un Drame à la Conciergerie.* Le vrai titre de celui-ci, qui forme la troisième partie de *Splendeurs et Misères des Courtisanes,* est *Où mènent les mauvais chemins.* Il
avait paru, en 1847, chez l'éditeur Souverain, sous le titre d'*Un Drame
dans les Prisons;* son premier chapitre est intitulé *La Conciergerie.*

La quatrième et dernière partie de *Splendeurs et Misères,* est *La
dernière Incarnation de Vautrin.*

(2) « Il y a des pages bien curieuses sur les derniers jours de
Balzac, dans les *Confessions* d'Arsène Houssaye (plus curieuse encore
serait l'histoire de sa veuve !) Ce que dit Houssaye de son amertume
doit être vrai : le journalisme (le mauvais), dévoilé par Balzac dans
Une Fille d'Ève et dans *Le grand Homme de Province,* ne lui pardonna jamais. Je vois encore un feuilleton sur *Les Parents pauvres*
(1847) commençant par ces mots : « *Assez de cautères, M. de Balzac!...*»
(Note de la lettre de L. Larchey).

Le sacrifice de la table de Balzac nous conduit à
remarquer que L. Larchey n'a jamais négligé une
occasion de joindre à ses publications des tables alpha-
bétiques. Il eût souhaité que tous les auteurs en
comprissent les avantages, non seulement pour le public,
mais encore pour eux-mêmes, car on consulte plus
volontiers et l'on cite plus facilement les ouvrages qui
en sont pourvus.

Les livres « à tables » lui paraissaient être les premiers
à introduire dans une bibliothèque historique privée,
— à condition, naturellement, d'être intéressants ; —
la composition d'une telle bibliothèque devant, selon
lui, viser à la qualité plutôt qu'à la quantité, et comprendre surtout des livres de travail tels que dictionnaires, bibliographies, mémoires, correspondances.
Hostile, ainsi qu'on l'a vu, au classement systématique
dans les Bibliothèques publiques, il l'admettait chez les
particuliers, où ce classement n'offre point les mêmes
inconvénients.

Puisque nous parlons de Mémoires historiques, rap-
pelons qu'il a éloquemment plaidé leur cause, dans son
Avant-propos de la *Bibliothèque des Mémoires du dix-
neuvième siècle*, et conclu de la manière suivante :
« Pour bien juger les *Mémoires*, il faut en avoir lu
beaucoup ; pour en tirer un parti sérieux, il faut les
avoir lus tous. » Ce « parti sérieux », est multiple : c'est
d'abord, ainsi qu'il l'explique, la découverte de la vérité
par la comparaison des pages relatives aux mêmes faits ;
c'est, ensuite, la facilité d'en citer des passages, facilité
trop souvent dédaignée, dans la fausse croyance que les
dissertations sont plus propres que les extraits à tenir le
lecteur en haleine. Erreur grande, rien, au contraire,
n'imprimant plus de monotonie à un ouvrage et ne l'expo-
sant plus aux caprices de la mode qu'un texte sans

citations : « Ce qui s'use, en histoire, répétait-il, c'est la manière de l'interpréter ! »

Le remède est, heureusement, près du mal, et l'on doit d'autant moins hésiter à y recourir que, s'il y a du mérite à bien interpréter, il y en a tout autant à citer avec mesure, tact et à propos, et que l'un n'a, d'ailleurs, jamais empêché de faire l'autre.

Pour sa part, il n'achetait guère que des livres trouvés sur le quai, dans les boîtes de dix à cinquante centimes : « C'est dans celles-là, et dans celles-là seulement, disait-il, que j'ai mis la main sur de bonnes choses, rentrant dans le cadre de mes travaux ! » Quant aux boîtes d'un prix supérieur ou sans prix marqué, il ne s'y arrêtait même point. Les premières lui avaient permis de réunir, à peu de frais, la collection de Mémoires du XIX⁰ siècle dont il a donné des extraits dans *le Monde illustré*, et une collection de brochures plus précieuse encore peut-être, car on l'a dit avec raison : le livre reste, tandis que la brochure devient rapidement introuvable (1).

Quoiqu'il eût formé ses collections dans un temps où, en raison d'une concurrence moindre, elles étaient plus aisées à réunir qu'aujourd'hui, il ne doutait point qu'avec de la patience on pût encore en faire de pareilles : « J'entends répéter, disait-il, qu'on ne trouve plus rien sur le quai. Quelle erreur ! on y trouve de tout, au contraire, car, aujourd'hui comme autrefois, tout revient au quai ! » Il en savait quelque chose, ayant eu la bonne fortune d'y rencontrer des imprimés rares, voire même des manuscrits dont quelques-uns furent jugés dignes de figurer dans ses *Documents pour servir à l'histoire des mœurs*.

(1) Il avait, notamment, réuni une collection d' « *Attaques et défenses* », c'est-à-dire de brochures relatives aux polémiques entre particuliers. Leur ensemble offrait un piquant intérêt.

Jules Richard, qui fut un fanatique de livres, lui portait envie : « Il n'y a que les myopes, nous disait-il, pour faire des découvertes ; voyez Larchey ! »

Peut-être, en effet, la lenteur obligée de leurs recherches offre-t-elle plus de chances de succès. La myopie n'est cependant point, heureusement, une condition *sine qua non*, témoin Charles Mehl, dont la vue était excellente et qui a fait au quai, où il passait tous les jours avant de se rendre au ministère de l'Intérieur où étaient ses occupations, de vraies trouvailles, entre autres un bel album d'anciens costumes alsaciens et un petit incunable aussitôt offert à la Bibliothèque nationale ; M. Georges Monval y a découvert le manuscrit original autographe du *Neveu de Rameau*, relié entre deux tragédies et dont les variantes lui ont permis de donner une édition nouvelle du chef-d'œuvre de Diderot.

Ce qui précède montre que L. Larchey ne fut point un bibliophile. En effet, les éditions de luxe, les belles reliures le charmaient peu : quel que fût le prix de l'ouvrage ainsi habillé, il en arrachait les feuillets pour classer alphabétiquement, avec ses coupures de journaux, ceux qui l'intéressaient. Il s'était ainsi créé un vaste répertoire auquel il recourait constamment, pour ses amis comme pour lui-même. Ne vendant jamais de volumes, n'en tirant point vanité, n'y attachant de prix que pour ses travaux, il n'éprouvait aucune répugnance à les dépecer.

Nous ne reviendrons point sur ce que nous avons dit de son amour pour la profession de bibliothécaire dont, ayant l'âme noble et haute, il comprenait le caractère élevé. Il savait que le bibliothécaire est l'auxiliaire de la pensée humaine dans toutes ses manifestations, et nul mieux que lui n'en a entendu les devoirs, qu'il n'hésitait point à classer parmi ses devoirs de citoyen.

Nous avons parlé de son patriotisme. Il nous contait
qu'ayant été appelé, après la guerre de 1870, à Metz, sa
ville natale, pour des affaires d'intérêt, et ayant pris le
train pour s'y rendre, il s'était arrêté en route et avait
rebroussé chemin, ne pouvant se décider à franchir la
frontière. Il a écrit plus d'un livre dans un but de relè-
vement national, et ce n'est point par hasard que l'ancien adage

Fiancer la vertu,
Espouser sa patrie,

clôt son volume des *Vieux proverbes* : « Affirmer que
l'amour de la Patrie est inséparable de celui de la vertu
n'est-ce pas en faire le plus bel éloge? » ajoute-t-il en
commentaire.

Aussi ses dernières années furent-elles cruellement
affectées par les divisions qui troublaient son pays. Que
n'eût-il point fait pour voir renaître, chez ses compa-
triotes, la concorde et la paix? Il a quitté la terre sans
avoir eu cette satisfaction, mais avec le calme des âmes
sans reproche, avec la philosophie sereine et douce
dont il avait déjà donné des preuves quelques années
auparavant, dans une circonstance où il avait vu la
mort de près.

Dépourvu d'ambition, n'attachant qu'une importance
médiocre aux biens matériels, il se préoccupait vivement, par contre, de tout ce qui touchait le « par de là »,
et, notamment, de conserver à ses travaux, comme à sa
mémoire, l'estime qui leur était due. Aussi avons-nous
trouvé sans surprise, parmi les livres et les papiers dont,
« avant de partir pour les Bibliothèques inconnues »,
(le mot est de lui), il avait tenu à nous constituer
dépositaire et à nous charger d'offrir à la Bibliothèque
de l'Arsenal la partie utile — une liste sommaire de ses

travaux jusqu'à l'année 1896, liste qui nous a servi de
guide pour la rédaction de la bibliographie ci-après, où
notre rôle s'est borné à compléter les titres des ouvrages,
et à les décrire, ainsi que leurs différentes éditions.

Depuis deux ans, l'auteur de tant de beaux travaux
repose, selon son vœu, dans le pittoresque cimetière de
Menton, d'où la vue s'étend, au midi, sur le panorama
de la ville et des deux baies, au nord, sur les Alpes :
« Seul endroit, nous disait-il, tandis que nous passions,
un jour, dans le voisinage, où j'aie souhaité d'être
enterré ! »

On n'a gravé, sur la pierre, qu'un nom et une date, et
cela est bien : il ne fallait point d'autre inscription,
après sa mort, à celui qui, toute sa vie, fut un modeste.
Mais ceux qui l'ont connu, ceux qui ont lu ses œuvres
et su les apprécier, lui appliqueront spontanément la
définition antique : « *Vir bonus scribendi peritus* ».

Nul ne l'a mieux méritée !

PAUL COTTIN.

I

LIVRES ET BROCHURES

1. — Mémoire historique sur l'hôpital Saint-Nicolas de Metz
au moyen-âge, par M. Lorédan Larchey, attaché à la bibliothèque Mazarine, membre correspondant de l'Académie
impériale de Metz. *Metz, typographie S. Lamort,* 1854. In-8°.
Couv. imp.

> 62 pp., y compris le faux titre et le titre ; et 1 f. blanc.
> Travail exécuté d'après les Archives hospitalières de Metz, dont
> le classement avait été confié à l'auteur par la commission des
> Hospices.
> Extrait des *Mémoires* de l'Académie de Metz, 1852-53, 2e partie,
> p. 173.
> Tiré à 100 exempl.

2. — Un mois à Constantinople. — Janvier 1855. — *Alençon,
Poulet-Malassis et De Broise, imprimeurs-libraires,* 1856. In-
12. Couv. impr.

> 63 pp. y compris le titre.
> Signé, à la dernière page, « Lorédan Larchey » et daté « Cons-
> tantinople, décembre 1854. »
> On lit, au verso du titre : « Imprimé pour la première fois
> dans la *Bibliothèque universelle de Genève,* livraison de mars 1855.
> Tiré à 50 exemplaires. »
> Envoyé par le ministère de l'Instruction publique, en mission
> à Constantinople, où il servit de secrétaire à son père le général
> Larchey, commandant de la place pendant la guerre de Crimée,
> l'auteur rédigea ce travail au retour de son voyage.

3. — Lorédan Larchey. — Un mois à Constantinople. Décembre 1854. *Paris, Just Rouvier, libraire, éditeur de la
Revue de l'Orient, de l'Algérie et des Colonies, 20 rue de
l'Ecole de Médecine.*

> (Impr. de Pommeret et Moreau). 1857. In-8. Couv. non impr.
> 1 f. (titre) ; et 41 pp.
> On lit, p. 11 : « Extrait de la *Revue de l'Orient, de l'Algérie et
> des Colonies,* numéros de février et d'avril 1857. »

4. — Journal de Jehan Aubrion, bourgeois de Metz, avec sa
continuation par Pierre Aubrion (1465-1512), publié en entier
pour la première fois par Lorédan Larchey, de la bibliothèque Sainte-Geneviève, ancien élève de l'Ecole des
Chartes, Membre de l'Académie impériale de Metz. *Metz,
F. Blanc, imprimeur de la ville et de l'Académie impériale.*
1757, in-8, couv. impr.

> 1 f. (faux titre) ; 88 pp. (titre, liste des souscripteurs, biogra
> phie) ; et 550 pp.
> On lit, au verso du faux titre : « Tiré à deux cents exemplaires. »
> Renferme un plan en couleur de la ville de Metz (1465-1512).
> Publié à 20 fr.

5. — Lorédan Larchey. — Les Excentricités de la langue
française en 1860. Extrait des tomes VIII (*sic,* pour VII) et
IX de la *Revue anecdotique. Paris, à la librairie, 9 et 11 rue
de Seine.* (Impr. de Soye et Bouchet), *s. d.* (1859). In-12,
couv. non impr.

> 1 f. (titre), au verso duquel on lit : « Cinquante exemplaires
> seulement seront mis en vente au prix de 5 francs. Une seconde
> édition de ce dictionnaire, revue, corrigée et singulièrement aug-
> mentée, paraîtra prochainement. » ; 1 f. « Mea culpa » ; au verso
> dédicace : « Ce volume est dédié aux gens de peu de foi qui s'en
> vont déplorant, chaque jour, l'appauvrissement de la langue
> française. Puissent-ils voir que le vocabulaire pittoresque d'un
> peuple comme le nôtre, ne meurt jamais ! »
> Le reste de l'ouvrage est composé des feuilles de la *Revue
> anecdotique,* sans changement dans la pagination :
> 1858. — Numéro 1. — Tome VII. Du 1er au 15 juillet 1858. P.
> 357 n. ch. à 380.
> 1858. — Numéro 3. — Tome VII. P. 405 n. ch. à 428.
> 1858. — Numéro 4. — Tome VII. P. 429 n. ch. à 452.
> 1858. — Numéro 5. — Tome VII. P. 453 n. ch. à 476.
> 1858. — Numéro 7. — Tome VII. P. 501 n. ch. à 524.
> 1858. — Numéro 9. Tome VII. P. 549 n. ch. à 572.
> 1858. — Numéro 11. Tome VII. P. 597 n. ch. à 620.
> 1858. — Numéro 13. Tome VII. P. 637 n. ch. à 660 (En bas de
> la page 660 : *Fin du septième volume.)*
> 1859. — Numéro 4. Tome IX, 2e quinzaine d'août. P. 73 n. ch.
> à 118.
> Frontispice à l'eau forte dessiné et gravé par l'auteur (Lorédan

Larchey), avec cette légende : *Les Excentricités de la langue française, 1859.* (Imp. Delâtre).

Edition tirée à cent exemplaires dont 50 seulement ont été
mis dans le commerce.

Publié à 5 fr.

6. — Lorédan Larchey. — Les Excentricités du langage français. Deuxième édition. *Paris, aux bureaux de la Revue
anecdotique, 15 rue de la Ferme des Mathurins* (Typ. de
Henri Plon) 1861, in-12, couv. non impr.

XVI pp. (faux titre, titre, avant propos) ; et 267 pp. ; 1 p. n. ch.
(ouvrages consultés) ; 2 ff. n. ch. (Annonce de la *Revue anecdotique.*)

Frontispice à l'eau forte dessiné par Lorédan Larchey (Delâtre impt.).

Publié à 4 fr.

7· — Lorédan Larchey. — Les Excentricités du langage.
Quatrième édition singulièrement augmentée. *Paris,
E. Dentu, librairie éditeur, Palais Royal, galerie d'Orléans,
13,* (Metz, imp. F. Blanc), 1862, in-12, couv. impr.

XXIV pp, (faux-titre, titre, préface et épigraphes) et 324 pp.
Publié à 3 fr. 50.

Une affiche, tirée à 50 exempl., relative à cette édition, porte
dans un encadrement dessiné par l'auteur, la légende suivante :
*Les Excentricités du langage. Quatrième édition, singulièrement
augmentée.* (Signé) : *Lorédan Larchey.*

8. — Lorédan Larchey. — Les Excentricités du langage. Cinquième édition, toute nouvelle. *Paris, E. Dentu, libraire-
éditeur, Palais Royal, Galerie d'Orléans, 13,* (Impr. Emile
Voitelain et Ci^e), 1865, in-12. Couv. impr.

XXIV pp., (faux titre, titre, préface et épigraphes); et 335 pp.
Tiré à 1625 exemplaires.
Publié à 3 fr. 50.

Frontispice dessiné par l'auteur, et portant la légende : « Académie des excentriques. La commission du dictionnaire. Tiré à
cent exempl. *(Signé)* Lorédan Larchey. »

9. — Dictionnaire historique, étymologique et anecdotique
de l'argot parisien. Sixième édition des Excentricités du
langage mise à la hauteur des révolutions du jour par Lorédan Larchey. Illustrations de J. F. Féral et Ryckebusch.

*Paris, F. Polo, libraire éditeur, au bureau du Journal
l'Eclipse,* (Typ. de Rouge, Dunon et Fresné), 1872, gr. in-8,
couv. illustr.

> 2 ff. (faux-titre et titre); et 236 pp.
> Texte sur deux colonnes encadrées d'un double filet noir.
> A paru en trente livraisons à 10 c., et en série de cinq livrai-
> sons à 50 c. L'ouvrage complet, 3 fr.
> Il a été tiré, en outre, 100 ex. numérotés sur pap. de Hollande
> (10 fr.)
> Tirage à 10.000 exempl.
> La couverture porte la date de 1873, et la mention suivante :
> *Illustrations de J. Férat, Ryckebush (sic) et Sahib.* Adresse :
> Paris, F. Polo, au bureau de l'Eclipse, 16 rue du Croissant, 16,
> (ancien hôtel Colbert), 1873.
> La Bibliothèque de l'Arsenal possède un exempl. de cette édi-
> tion qui lui a été offert par L. Larchey, et sur lequel on lit la
> dédicace : « Hommage d'une mauvaise édition dans laquelle il
> m'a fallu supprimer trois mille lignes. »

10. — Eccentricities of the french language (dictionnaire de
l'argot parisien) including all recent expressions whether
of the Street, the Theatre, or the Prison, also those english
slang words which have been adopted by the parisians.
London, John Camden Hotten, 74 and 75, Piccadilly. S. d.
Gr. in-8. (1873), cart.

> Cette édition est la reproduction de la précédente, mais le
> faux titre a été supprimé, et le titre français remplacé par le titre
> anglais qui précède.
> Voir, au sujet de cette contrefaçon anglaise, l'introduction en
> tête de la présente bibliographie.

11. — Lorédan Larchey. — Dictionnaire historique d'argot.
Septième édition des Excentricités du langage, considérablement augmentée et mise à la hauteur des révolutions du
jour. *Paris, E. Dentu, éditeur, libraire de la Société des gens
de lettres, Palais Royal, 15-17-19, galerie d'Orléans.* (Saint-
Germain, imp. Bardin), 1878, in-12.

> 2 ff. (faux titre et titre); XLIII pp. (introduction, auteurs cités
> et consultés, etc. ;) 377 pp. et 1 f. blanc.
> La p. XLIII est chiffrée par erreur XLII.
> Texte sur deux colonnes.

Publié a 6 fr.

Il a été tiré, en outre, quelques exemplaires sur papier teinté fort.

12. — Lorédan Larchey. — Dictionnaire historique d'argot. Huitième édition des Excentricités du langage augmentée d'un Supplément mis à la hauteur des révolutions du jour. *Paris, E. Dentu, éditeur, libraire de la Société des gens de lettres, Palais Royal, 15-17-19, galerie d'Orléans.* (Saint-Germain. imp. D. Bardin), 1880, in-12, couv. imp.

Même texte que dans l'édition précédente, mais l'erreur relative au chiffre de la p. XLIII a été corrigée. Voici, en outre, la description du supplément, qui fait corps avec le volume :

Lorédan Larchey. — Supplément aux 7ᵉ et 8ᵉ éditions du Dictionnaire historique d'argot, contenant 2,784 mentions nouvelles (additions, éclaircissements et rectifications). *Paris, E. Dentu, éditeur, libraire de la Société des gens de lettres, Palais Royal, 15-17-19, galerie d'Orléans.* (Saint-Germain, imp. D. Bardin). 1880, in-12.

XVII pp. y compris le faux titre, le titre, l'« Avis nécessaire » ; 1 f. blanc ; et 134 pp.

Texte sur deux colonnes.

13. — Lorédan Larchey. — Dictionnaire historique d'argot. Neuvième édition... 1881.

Même texte que dans l'édition précédente.

14. — Lorédan Larchey. — Dictionnaire historique d'argot. Dixième édition... 1888.

Même texte que dans l'édition précédente.

La couverture porte : « Onzième édition. »

15. — Lorédan Larchey. — Supplément aux neuvième et dixième éditions du Dictionnaire d'argot. Avec une introduction substantielle et un répertoire spécial de Largonji. *Paris, E. Dentu, éditeur, libraire de la Société des gens de lettres, Palais Royal, 15-17 et 19, galerie d'Orléans.* (Châtillon-sur-Seine, imp. Jeanne Robert), 1883, in-18, couv. illustrée.

2 ff. (faux titre et titre); XXII pp. (introduction) ; 1 f. (signes abréviatifs) ; et 182 pp.

Texte imprimé sur deux colonnes.

Publié à 2 fr.

Il a été tiré, en outre, quelques exemplaires sur papier de Hollande.

16. — Lorédan Larchey. — Nouveau supplément du Dictionnaire d'argot, avec le vocabulaire des chauffeurs de l'an VIII et le répertoire de Largonji. Ce dernier supplément annule tous les autres. *Paris, E. Dentu, éditeur, libraire de la Société des gens de lettres, place de Valois, 3.* (Lagny, imp. Émile Colin), 1889, in-8, couv. illustrée.

XXXV pp. (faux titre, titre et avant-propos) ; 1 p. n. ch. (*errata*); et 284 pp.
Texte sur deux colonnes.
Publié à 3 fr. 50.

17. — Les anciens poètes de la France, publiés sous les auspices de S. Exc. M. le Ministre de l'Instruction publique et des Cultes, et sous la direction de M. F. Guessard. Fierabras. Parise la duchesse.

Parise la duchesse, chanson de geste, deuxième édition, revue et corrigée d'après le manuscrit unique de Paris, par MM. Guessard et L. Larchey. *A Paris, chez F. Vieweg, libraire-éditeur, maison A. Franck, rue Richelieu, n° 67.* (Imp. Ch. Jouaust), 1860, in-16. Rel. perc.

2 ff. (faux titre et titre) ; 43 pp. (préface, sommaire, errata); 114 pp. et 1 f. blanc.

18. — Les maîtres bombardiers, canonniers et couleuvriniers de la cité de Metz, par Lorédan Larchey, de la Bibliothèque Mazarine. Extrait des Mémoires de la Société d'archéologie de Metz. *Paris, librairie militaire de Dumaine, libraire-éditeur de l'Empereur, 30, rue et passage Dauphine,* 1861, in-8. Couv. imprimée.

93 pp. y compris le titre et l'avant-propos,
On lit, au verso du titre : « Cent exemplaires de cette étude seront mis dans le commerce au prix de 3 francs. »
Vignettes dans le texte.

19. — Lorédan Larchey. — Origines de l'artillerie française. Première période 1324-1354. *Paris, E. Dentu, libraire-édi-*

teur, galerie d'Orléans, au Palais Royal. (Imp. de Soye et
Bouchet), 1862, in-18.

VIII pages (titre, préface, sommaire) ; et 80 pages.
On lit à la page 4 de la couverture :
« Les Origines de l'artillerie comprendront trois périodes dont
chacune formera une étude distincte et complète.
« La seconde et la troisième période auront la valeur de deux
fort volumes in-18, avec environ 60 planches... »
La publication de cette brochure fut précédée de celle d'un
prospectus sur lequel on lit : « L'auteur ne prend l'engagement
de publier qu'après avoir réuni 500 souscripteurs. Sitôt ce chiffre
obtenu, une circulaire fixera la date de l'apparition de l'ouvrage.
« Le prix de la souscription est fixé à 20 francs, soit 10 francs
par volume ; on ne sera tenu de solder le prix de chaque volume
qu'à son reçu.
« Chaque exemplaire de cet ouvrage, *qui ne sera pas mis dans
le commerce,* portera le nom du souscripteur. »
Les planches seules parurent avec une introduction. (V. l'article suivant.)
Publié à 2 fr.

20. — Origines de l'artillerie française. Planches autogra-
phiées d'après les monuments du XIVe siècle. Avec introduction, table et texte descriptif, par Lorédan Larchey, de
la Bibliothèque Mazarine. *Paris. librairie Dentu, galerie
d'Orléans, Palais Royal.* (Imp. de Soye et Bouchet), 1863,
in-4.

VIII pp. (titre et introduction) ; et 26 pp., plus 1 f. n. ch. pour
la table.
106 planches (y compris le frontispice), en lithographie sur
papier teinté. Texte sur deux colonnes.
On lit, au verso du titre : « Cent vingt-cinq exemplaires de ces
planches sont mis dans le commerce au prix de 25 fr. — Il y a
vingt exemplaires coloriés au prix de 50 fr. »
Sur un des exemplaires coloriés à la main, que nous possédons, l'auteur a écrit : « J'ai dessiné, autographié, colorié et collé
moi-même les planches de cette publication, qui ne m'a coûté
que du temps, des peines et de l'argent, sans me faire honneur
ni profit. Il s'en est bien vendu 25 exemplaires, dont 15 à
l'étranger, sur lesquels Dentu m'a prélevé 33 pour cent de
remise. Encore ai-je dû revenir une dizaine de fois pour obtenir
mon argent. »

Un autre, conservé à la Bibliothèque nationale, porte : « Auto_
graphié à 200 exemplaires, renmargé à 75 exemplaires et colorié à
25 exemplaires par l'auteur, qui est venu à bout de ne pas dépen-
ser ainsi plus de 500 francs. — Il est bien entendu qu'il n'a pu
rentrer dans ses frais. Le volume du texte annoncé n'a point
paru, faute de souscripteurs ».

21. — Documents inédits sur le règne de Louis XV. Journal
des inspecteurs de M. Sartines. Première série. 1761-1764.
*Bruxelles, Ernest Parent, éditeur, 17, montagne de Sion.
Paris, Dentu, Palais-Royal, galerie d'Orléans ; Aubry, 16, rue
Dauphine.* (Bruxelles, typ. Vᵉ Parent et fils), 1863, in-12.
Couv. imprimée.

La copie du journal ayant été exécutée par Emile Mabille,
Lorédan Larchey et l'éditeur Parent signèrent avec lui un acte
de société d'après lequel « M. Mabille apportait au fonds social
la copie du manuscrit, L. Larchey les notes, l'introduction, la
correction des épreuves, et les démarches faites pour tirer parti
de la publication ; M. Parent la surveillence de l'impression,
l'avance des fonds que nécessitera l'exécution matérielle de
l'ouvrage. » Enfin les sociétaires s'engagèrent « à partager dans
une égale proportion, toute perte comme tout bénéfice résul-
tant de la publication. »
Édition tirée à 1.500 exemplaires.
Publiée à 5 fr. (4 fr. pour les souscripteurs).
En outre, quelques exemplaires sur papier chamois furent
mis en vente au prix de 6 fr.
Cet ouvrage ne fut point introduit en France. (V. notre
Avant-propos).

22. — Bibliothèque originale. Les mystifications de Caillot-
Duval, avec un choix de ses lettres les plus étonnantes,
suivies des réponses de ses victimes. Introduction et éclaircissements par Lorédan Larchey, eau-forte de Faustin
Besson. *Paris, chez René Pincebourde, à la librairie Richelieu, 78, rue Richelieu.* (Imp. Jouaust et fils) MDCCCLXIV
(1864). In-16 carré. Couv. papier escargot portant le titre
imprimé rouge et noir, sur une étiquette collée.

2 ff. (faux-titre, titre rouge et noir); XXIV pp., (préface);
124 pp. ; et 1 f. n. ch., (annonce de la *Petite Revue*).

Il a été tiré, en plus des exempl. sur papier vergé (3 fr.),
2 exempl. sur peau de vélin ; 10 exempl. sur papier de Chine
(10 fr.) ; 10 exempl. sur pap. chamois (6 fr.). « Chacun de ces
exemplaires contient trois épreuves différentes de l'eau-forte
et est numéroté ».

Édition tirée à 1000 exempl.

Réimpression partielle de l'ouvrage intitulé *Correspondance
philosophique de Caillot-Duval, rédigée d'après les pièces originales, et publiée par une société de littérateurs lorrains* (par
Fortia de Piles et de Boisgelin). Nancy 1795.

23. — Collection du bibliophile parisien. Les mystifications
de Caillot-Duval, choix de ses lettres les plus amusantes,
avec les réponses de ses victimes, nouvelle édition complètement remaniée par Lorédan Larchey. *Paris, H. Daragon,
libraire, 10, rue Notre-Dame-de-Lorette, 10.* (Laval, imp.
L. Barnéoud et Cie) 1901. In-12. Couv. imp.

6 pp. (faux-titre et titre) ; 160 pp. (Avant-propos, correspondance et table des noms de personnes) ; 2 ff. n. ch., (achevé
d'imprimer).

Il a été tiré, en outre, 350 exemplaires sur alfa vergé, 10
exempl. sur Japon, 5 sur Chine, 10 sur Hollande.

Un des motifs qui déterminèrent Lorédan Larchey à faire
cette réimpression fut de dénoncer, dans une préface nouvelle,
le caractère apocryphe d'une lettre de l'abbé Aubert, reproduite à tort dans la précédente édition, et dont Paul Lacroix
avait affirmé l'authenticité dans le feuilleton du *Pays,* du 6 mai
1855.

24. — Bibliothèque originale. Correspondance intime de l'armée d'Égypte, interceptée par la croisière anglaise. Introduction et notes par Lorédan Larchey. Frontispice à l'eau-
forte de Ulm. *Paris, chez René Pincebourde, éditeur, à la
librairie Richelieu, rue Richelieu, 78.* (Imp. Jouaust),
MDCCCLXVI (1866), in-16 carré. Couv. papier escargot,
portant un titre imprimé rouge et noir sur une étiquette.

XVI pp., (faux-titre, titre rouge et noir, introduction) ; et
146 pp.

Il a été tiré, outre les exemplaires sur papier vergé (3 fr.),
2 exempl. sur vélin, 15 sur Chine (10 fr.), 15 sur pap. chamois
(6 fr.). « Chacun de ces exemplaires contient trois épreuves différentes de l'eau-forte, et est numéroté. »

Réimpression partielle de l'ouvrage intitulé *Copies des lettres originales de l'armée du général Bonaparte en Egypte, interceptées par la flotte sous le commandement de l'amiral lord Nelson.* London, printed for J. Wright, opposite old Band-Street. Piccadilly, 1799.

25. — Notes de René d'Argenson, lieutenant-général de police, intéressantes pour l'histoire des mœurs et de la police de Paris à la fin du règne de Louis XIV. *Paris, imp. Émile Voitelain et Cie, rue J.-J. Rousseau, 15.* 1866. In-12, couv. impr.

> XVI pp. (faux-titre portant au vº : « Collection des petits mémoires inédits, publiés par L. Larchey et E. Mabille », titre, introduction) ; et 128 pp.
>
> Sur la couverture se lisent les adresses de la librairie Frédéric Henry, galerie d'Orléans, 12 (Palais-Royal), et de la librairie de l'Agence générale des auteurs, rue de la Bourse, 10.
>
> Publié à 2 fr.

26. — Souvenirs de Jean Bouhier, président au parlement de Dijon, extraits d'un manuscrit autographe inédit et contenant des détails curieux sur divers personnages des XVIIe et XVIIIe siècles. *Se vend chez tous les libraires bibliophiles.* (Paris, imp. Emile Voitelain et Cie), *s. d.* (1866). In-12, couv. impr.

> XXXV pp. dont la première porte : « Imprimé aux frais de deux bibliothécaires qui se proposent de publier, dans le même format, un choix de mémoires inédits de toutes les époques. Pour paraître prochainement : les *Notes du lieutenant de police d'Argenson* » ; faux-titre, titre, introduction, table, noms de lieux et de personnes ; et 108 pp.
>
> Tiré à 1025 exempl.
>
> Publié à 2 fr.
>
> Nous lisons, dans une note manuscrite de Lorédan Larchey : « J'ai publié les *Souvenirs du président Bouhier*, les *Notes de René d'Argenson*, les *Rapports des inspecteurs de M. de Sartines*, en collaboration avec Emile Mabille, qui transcrivait les originaux. Je faisais l'introduction, les notes, et je faisais imprimer à mes risques et périls. »

27. — Les Joueurs de mots. Compilation faite par Lorédan Larchey pour servir à l'histoire de l'esprit français. *A*

Paris, chez tous les libraires. (Imp. E. de Soye), 1867, pet. in-12.

230 pp., y compris le faux-titre et le titre, et 1 f. n. ch., (annonces de livres).

Tiré à 1.500 exempl.

Prix 2 fr. 50.

V. ci-dessous l'*Esprit de tout le monde* (1892).

DOCUMENTS POUR SERVIR A L'HISTOIRE
DE NOS MŒURS

Cette collection comprend 16 volumes, dont 12 (ou 13 en comptant *Noblesse oblige*, tirage à part des *Grands jours du Petit Lazari*) publiés par Lorédan Larchey. Ils ont été tirés à 400 exemplaires et mis en vente au prix de 1 franc, à l'exception du tome II des *Auto-graphes sérieux et comiques*, marqué 4 fr. 50, de *Les Tuileries en février 1848*, marqué 1 fr. 25, et du tirage à part *Noblesse oblige*, marqué « 15 sous ».

Tous ont été édités par Frédéric Henry, à l'exception de deux (le *Manuscrit de février* et le *Compte rendu d'un habitué des réunions publiques*) publiés, l'un *A la librairie de l'Académie des Bibliophiles, 9, rue de la Bourse*, l'autre *A la librairie Rouquette, passage Choiseul, 85*. Celui-ci est sorti des presses de l'*Imprimerie moderne* ; les autres proviennent de celles d'*Emile Voitelain*.

28. — Lorédan Larchey. — Gens singuliers. Castellane, Egerton, Malherbe, Lamothe, Brunoy, Guyard, Grimod, Danielo, Souworow, Doudeauville, Chodruc-Duclos, Pierre le Grand, Berbiguier, Bertron, Condé, Marey-Monge, Santeuil, Journet, Saint-Cricq, Lutterbach. *Paris, F. Henry, 12, galerie d'Orléans, Palais Royal.* (Imp. Voitelain et Cie), s. d. (1867). In-12, couv. imp.

> XI pp. (faux titre, titre, dédicace, avant-propos, sources consultées) ; et 204 pp.
> Publié à 2 fr. 50.
> Réunion d'articles antérieurement parus dans le *Monde illustré*.

29. — Documents pour servir à l'histoire de nos mœurs. — Manuscrit de février 1848. *A la librairie de l'Académie des bibliophiles, 9, rue de la Bourse.* (Imprimé en février 1868, par Emile Voitelain et Cie). In-32. Couv. impr.

> 63 pp. y compris le faux titre et le titre.

30. — Documents... Carnet de la comtesse de L., avec un fac-simile du récit de la perte de son avant-dernière dent.

*A la librairie Frédéric Henry, au Palais-Royal, galerie d'Or-
léans, 12.*(Imprimé en mars 1868 par Emile Voitelain et Cie).
In-32. Couv. Impr.

Pages I à X (faux titre, titre, fac similé) ; et 53 pages.

31. — DOCUMENTS... MANUSCRIT de Juin 1848. Du 15 avril au
30 juin. *Ibid. Id.* (Mai 1868). In-32. Couv. imp.
62 pp., y compris le faux titre et le titre ; et 1 f. blanc.

32. — DOCUMENTS... LES TUILERIES en Février 1848. 1⁰ Rela-
tion d'un officier d'artillerie ; 2⁰ Relation du garde national
Cosmène ; 3⁰ Rapport d'un anonyme. *Ibid. Id.* (Juillet 1868).
In-32. Couv. imp.

77 pp. y compris le faux titre et le titre ; et 1 f. blanc.
Publié à 1 fr. 25.

33. — DOCUMENTS... NOTES d'un agent (1861-1867). *Ibid. Id.*
(Février 1869). In-32. Couv. impr.

64 pp., y compris le titre et le faux titre.
Souvenirs et anecdotes, par un agent de police.

34. — DOCUMENTS... AUTOGRAPHES sérieux et comiques. I. Les
Gastronomes, 1867-1868. *Ibid. Id.* (février 1869). In-32.

64 pp., y compris le faux titre et le titre.

35. — DOCUMENTS... AUTOGRAPHES sérieux et comiques. II. Les
Amoureux. Déclarations, Rendez-vous, Plaintes, Ruptures
et Provocations. *Ibid. Id.* (Juin 1869). In-32. Couv. imp.

96 pp. y compris le faux titre et le titre.
Publié à 1 fr. 50.

36. — DOCUMENTS... AUTOGRAPHES sérieux et comiques. III. Les
Demandeurs. Places, Honneurs, Argent, Mariages, etc., etc.
Ibid. Id. (Août 1870). In-32. Couv. imp.

64 pp., y compris le faux titre et le titre.

37. — DOCUMENTS... MÉMOIRES de Pierre Louette, jardinier de
Talma. *Ibid. Id.* (Novembre 1869). In-32. Couv. imp.

64 pp. y compris le faux titre et le titre.

38. — DOCUMENTS... COMPTES d'un budget parisien. Toilette

et mobilier d'une élégante de 1869. *Ibid. Id.* (Février 1870).
In-32. Couv. imp.

> 64 pp., y compris le faux titre et le titre.

39. — Documents... Tribulations d'une muse académique,
1865. *Ibid. Id.* (Avril 1870). In-32. Couv. imp.

> 64 pp., y compris le faux titre et le titre.
> Extraits d'une brochure parue en 1865 sous ce titre : *Un pot
> de terre contre vingt pots de fer, curieuses révélations sur l'Athé-
> née et plusieurs autres sociétés de Paris*, par Mme Adèle Caldelar,
> membre de ces diverses sociétés.

40. — Documents... Les Grands jours du petit Lazari, par
un de ses artistes, avec une pièce inédite. *Ibid. Id.* (octobre 1871.) In-32. Couv. imp.

> 64 pp., y compris le faux titre et le titre.
> L'auteur de cet opuscule est un acteur des Folies dramatiques
> nommé Marquet. A la page 44 commence un vaudeville en
> un acte, *Noblesse oblige*, représenté au petit Lazari, et qui a
> été tiré à part sous le titre suivant :

41. — Noblesse oblige, ou les tendres incertitudes d'un bon
père, comédie-vaudeville en un acte, genre Louis XV.
Représentée jadis sur la scène du Petit Lazari et publiée
pour la première fois en 1871. *S. l.* (Imp. Émile Voitelain,
octobre 1871). In-32. Couv. imp.

> 32 pp. y compris le faux titre et le titre.

42. — Documents... (Nouvelle collection). Compte rendu d'un
habitué de réunions publiques non politiques (février-sep-
tembre 1869). Tiré à petit nombre. *Librairie Rouquette, passage Choiseul, 85.* (Imprimé en mars 1874 par l'Imprimerie
Moderne). In-32. Couv. imp.

> 64 pp., y compris le faux titre et le titre.
>
> La collection se complète des deux volumes suivants publiés
> dans le même format, mais par d'autres éditeurs :
> Philibert Audebrand. — P. J. Proudhon et l'écuyère de l'Hip-
> podrome, scènes de la vie littéraire. *A la librairie Frédéric Henry,
> au Palais Royal, galerie d'Orléans, 12.* (Imprimé en avril 1868,
> par Emile Voitelain et Cⁱᵉ). In-32. Couv. impr.
> 67 pp., y compris le faux titre et le titre.

Notes secrètes sur l'abbaïe de Longchamp en 1768. *A la librairie Frédéric Henry, au Palais Royal, 12 galerie d'Orléans.* (Imprimerie Emile Voitelain et Cⁱᵉ, 61 rue J.-J. Rousseau, juin 1870), In-32. Couv. imp.

32 pp. y compris le faux titre et le titre.
Tiré à 500 exemplaires.
Editeur anonyme (D. Lacroix.)

43. — Libri. (A la dernière page : *Imprimerie de Veuve Berger-Levrault*). *S. d.* (1866). In-8.

15 pp., y compris le titre (titre de départ).
Signé, p. 15 : *Lorédan Larchey*.
Tirage à part d'un article paru dans l'*Impartial du Rhin* (1866).

44. — Catalogue des livres composant la bibliothèque de M. d'Espaulart, dont la vente aura lieu rue des Bons-Enfants, 28 (maison Sylvestre), le vendredi 14 mai 1869 et jours suivants, à 7 heures et demie précises du soir, par le ministère de Mᵉ Charles Oudart, commissaire-priseur, boulevard des Italiens, 26, assisté de M. Auguste Aubry, libraire. *Paris, Auguste Aubry, libraire de la Société des bibliophiles français, rue Dauphine, 16.* (typ. Jannin). 1869. In-12. Couv. imprimée.

XVI pp. y compris le faux titre, (au verso duquel on lit l'ordre des vacations et les conditions), le titre, l'introduction, la table des noms de lieux et de matières ; 113 pp. et 1 f. n. ch.
Ce catalogue a été entièrement rédigé par Lorédan Larchey, en un seul ordre alphabétique, avec renvois.

45. — Almanach des assiégés pour l'an de guerre 1871. *Se vend 30 centimes aux bureaux du Petit Moniteur, quai Voltaire, 13, Paris.* (Typ. Jannin). *S. d.* (1870). In-16 carré.

62 pp. (titre) ; et 1 f. n. ch. (annonces de journaux).
Vignettes dans le texte. Tirage à 10.000 exempl., environ.
Une note manuscrite de l'auteur, sur la couverture de l'exemplaire que nous avons sous les yeux, porte : « Fait en quatre jours de décembre 1870, par Lorédan Larchey. » Et une autre : « Trois tirages épuisés pendant le bombardement. »

46. — Mémorial illustré des deux sièges de Paris, 1870-1871. Texte de Lorédan Larchey. Trois cent vingt illustrations

de Bocourt, Chifflart, Clerget, Darjou, Deroy, Gustave Doré,
Godefroy Durand, Ferat, Grandsire, Janet, Lançon, Lix,
Marie, Edmond Morin, Ryckebusch, Sellier, Vierge, Yon,
etc., etc. *Paris, librairie du Moniteur Universel, 13, quai
Voltaire.* (Imp. Pougin), 1872. In-4.

> VIII pp., (faux titre, titre, avertissement, ordre des matières,
> introduction) ; 320 pp ; et 77 pp. n. ch. (planches, table, errata,
> additions).
> Texte imprimé sur deux colonnes. Illustrations dans le texte.
> Deux parties : 1º Mémorial du premier siège. (Pp. 1 à 280).
> 2º Mémorial du second siège. Première partie : *Les opérations
> militaires* (pp. 281 à 320). Deuxième partie : *L'insurrection dans
> Paris*, suite de 85 planches.
> Publié à 14 fr.

47. — Mémorial illustré des deux sièges de Paris, 1870-1871.
Texte par Lorédan Larchey.

Deuxième édition. *Paris, librairie du Moniteur Universel,
13, quai Voltaire, 13,* (Imp. Pougin), 1874. In-4.

> Cité d'après une des neuf livraisons que la Bibliothèque natio-
> nale possède de cette seconde édition.
> Selon la *Bibliographie de la France*, où les trois premières
> livraisons de l'ouvrage sont enregistrées sous le n° 689, il devait
> en comprendre 50, vendues 0 fr. 25 centimes pièce.

48. — Mémorial illustré du premier siège de Paris, 1870-1871.
Texte par Lorédan Larchey. Troisième édition. *Paris,
librairie de la Société anonyme de publications périodiques,
13, quai Voltaire, 13,* (Imp. Mouillot). *S. d.* In-4.

> 280 pp., y compris le faux titre et le titre. Réimpression par-
> tielle de l'ouvrage précédent. Publié à 4 fr.
> Cartonné, 6 fr.

49. — Série de 1789 à 1815. — Bibliothèque des Mémoires du
dix-neuvième siècle. Extraits et notices par Lorédan Larchey. — Le Grenadier Coignet. — L'Espion Méhée. — Le
Professeur Dardenne. — Le Sergent Dalouzi. — Les Pon-
tonniers Chapelle et Chapuis. — Le Lieutenant de Rocca.
— Le Comte Rœderer. *A la librairie Frédéric Henry, galerie*

*d'Orléans, 12, Palais Royal, et aux bureaux du Moniteur
Universel, 13, quai Voltaire.* 2 fr. 50. (Typ. Pougin). *S. d.*
(1871). In-16. Couv. non imp.

> 2 ff. (faux titre et titre) ; IV pp. (introduction) ; et 208 pp.
> Tirage à 1500 exempl. sur papier vergé teinté.
> Réimpression d'extraits parus dans *le Monde illustré.*

50. — Rapport au Ministre de l'Instruction publique sur une
collection de pièces curieuses relatives à l'histoire de
France. *Paris, imprimerie administrative de Paul Dupont,
41, rue Jean-Jacques Rousseau, 41,* 1873. In-8.
La couverture imprimée sert de titre.

> 11 pp. y compris le titre, et 1 p. n. ch. Signé : *Lorédan Lar-
> chey, bibliothécaire à l'Arsenal.*
> Extrait du *Bulletin administratif du ministère de l'Instruction
> publique, des Cultes et des Beaux-Arts,* tiré à 50 exemplaires.
> Rédigé au retour d'une mission au palais de Fontainebleau
> (V. l'Introduction), ce travail fut aussi imprimé dans le *Journal
> officiel* du 19 septembre 1873.

51. — Ministère de l'Instruction publique, des Cultes et des
Beaux-Arts. Instruction sommaire sur le classement des
bibliothèques populaires. *S. l. n. d.* (1876). In-4.

> 12 pp. y compris le titre (titre de départ).
> Une note manuscrite de Lorédan Larchey porte : « Je l'ai faite
> sur la demande de Gœpp, au nom du Ministre ; elle a passé
> entière sans observation. »
> Cette *Instruction* a été réimprimée dans le *Recueil de lois,
> décrets, ordonnances, etc. concernant les Bibliothèques publiques...*
> publié par Ulysse Robert. (Paris, Champion, 1883, in-8), p. 233.
> Elle porte la date du 30 décembre 1876.

52. — Exposition universelle de 1878. Catalogue du Ministère de
l'Instruction publique, des Cultes et des Beaux-Arts. Tome I.
Catalogue de la Bibliothèque du corps enseignant. *Paris,
imprimerie de la Société de publications périodiques, 13,
quai Voltaire, 13.* (Imp. A. Pougin), 1878. In-8. Couv. imp.

> XXIV pp. (faux titre, titre, arrêté du ministre, division des
> matières, introduction) ; et 408 pp.

On lit, dans une note manuscrite de Lorédan Larchey : « J'ai dirigé l'impression, fait le catalogue de la Bibliothèque, l'introduction signée L. L., et la table. Reliure, catalogue ont été terminés l'année même de l'Exposition. Près de 10.000 numéros.

« Quatre pages signées d'un autre nom m'ont été imposées en tête du volume, ce qui m'a empêché de signer mon introduction en toutes lettres. »

On trouve la signature L. L. à la page XXIV de l'Introduction.

53. — Exposition universelle de 1878. Catalogue du Ministère de l'Instruction publique, des Cultes et des Beaux-Arts. Tome II. 1er fascicule. Thèses. — Publications du Ministère. — Souscriptions. — Bibliothèque scolaire. — Archives et Bibliothèques. *Paris, imprimerie de la Société de publications périodiques, 13, quai Voltaire, 13.* (Imp. A. Pougin), 1878, In-8. Couv. imp.

VII pp. (faux-titre, titre, arrêté du ministre) ; 1 p. n. ch. contenant la « division des matières » ; et 123 pp.

54. — Almanach des vieux secrets et des anciennes recettes, par un chercheur obstiné, 1878. *Paris, chez Strauss, 5, rue du Croissant.* (Typ. A. Pougin), 1878. Couv. imp.

8 ff. n. ch. (titre, «Discours du chercheur au public curieux », calendrier); et 223 pp.

Vignettes dans le texte.

Publié à 50 centimes.

Bien qu'anonyme, cet almanach est l'œuvre de Lorédan Larchey, qui avait réuni un grand nombre d'anciennes recettes pour en faire une publication plus importante; projet qu'il ne mit point à exécution.

55. — Deuxième année. Almanach des vieux secrets et des anciennes recettes, par un chercheur obstiné, 1879. *Paris, chez Strauss, 5, rue du Croissant.* (Typ. A. Pougin), 1879. In-32.

8 ff. n. ch. (titre, « Discours du chercheur au public curieux », calendrier) ; et 192 pp.

Vignettes dans le texte.

Publié à 50 centimes.

56. — Catalogue des livres composant la bibliothèque de
M. Émile Coupy, ancien professeur de mathématiques au
prytanée militaire de la Flèche (Sarthe), avec une préface
de M. Lorédan Larchey. La vente aura lieu au Mans, place
des Jacobins, n° 1 bis, salle des ventes mobilières, le... 1879
et jours suivants, à 7 heures du soir, par le ministère de
M. O. Moussoir, commissaire-priseur au Mans, 12, rue du
Crucifix, assisté de M. Pellechat, libraire au Mans, 1bis, rue
Saint-Jacques. *La Flèche, imprimerie et lithographie Besnier-
Jourdain, 1879. In-8.*

57. — Les grands hommes de la France. Industriels, par
A. Rouxel, Mossmann et L. Larchey. Avec 4 portraits.
Richard Lenoir. — Jacquard. — Oberkampf. — Philippe de
Girard. — Dollfus et Kœchlin. *Paris, P. Ducrocq, libraire-
éditeur, 55, rue de Seine, 55, 1879. In-8. Couv. imp.*

> Ouvrage faisant partie de la collection « Les grands hommes
> de la France », commencée, en 1872, par l'éditeur Ducrocq,
> Chargé de recruter des collaborateurs, Lorédan Larchey
> s'était adjoint MM. A. Rouxel et Mossmann.
> Le premier article, *Richard Lenoir,* est signé « Lorédan Lar-
> chey ». (Pp. 15 à 117).
> L'édition parut sous deux formats : 2200 exempl. in-8 au prix
> de 4 fr., et 2200 exempl. in-12 au prix de 3 fr.
> Quatre portraits gravés hors texte.

58. — Dictionnaire des noms contenant la recherche étymologique des formes anciennes de 20,200 noms relevés sur
les annuaires de Paris, par Lorédan Larchey, bibliothécaire
à l'Arsenal. *Paris, aux frais de l'auteur.* (Imp. Berger-
Levrault et Cie), 1880, in-12, couv. imp.

> 2 ff. (faux-titre et titre) ; et XXIV pp. (« Ce qu'on pensait de
> notre sujet » ; « Aux chercheurs » ; « Ouvrages consultés » ;
> « Abréviations ») ; et 511 pp.
> Tirage à 1650 exempl., publiés à 7 fr.
> Il a été, en outre, tiré sur papier de Hollande cent exemplaires
> numérotés et signés par l'auteur, à 12 fr.
> Dans une lettre à l'*Intermédiaire des Chercheurs* du 10 février
> 1902, L. Larchey annonce une nouvelle édition de cet ouvrage,
> préparée depuis vingt-deux ans, et devant contenir quatre-vingt

mille noms, au moins. Le manuscrit de cet important travail a été, après la mort de l'auteur, déposé à la bibliothèque de l'Arsenal.

59. — Almanach des noms contenant l'explication de 2.800 noms, par Lorédan Larchey. *Paris, chez Strauss, libraire-éditeur, 5, rue du Croissant.* (Typ. Tolmer et Cie), 1881, in-16, couv. imp.

> 78 pp., y compris l' « Explication des numéros et des lettres qui suivent chaque nom », le titre et 1 f. blanc.
>
> On lit, en tête de la couverture : « Pour se rendre compte des lettres et des chiffres qui suivent l'explication de chaque nom, déplier et garder sous les yeux le tableau explicatif joint à la dernière page de la couverture. »
>
> La première page se déplie de même ; on y lit : « Pour faire rechercher le sens d'un nom dans les almanachs suivants, il suffira de détacher ce bulletin et de l'adresser *franco* à M. Strauss, 5, rue du Croissant, Paris ».
>
> Texte sur deux colonnes.
>
> Tirage à 3000 exempl.
>
> Publié à 50 centimes.

60. — Instruction générale relative au service des Bibliothèques universitaires. *Société anonyme d'imprimerie et librairie administratives et des chemins de fer, Paul Dupont, directeur, 41, rue Jean-Jacques Rousseau, 41.* (Imp. Paul Dupont). 1880. In-8.

> La couverture imprimée sert de titre.
>
> 39 pp., y compris le titre, et 1 p. n. ch.
>
> Tirage à part des pp. 21 à 57 de la plaquette intitulée *Documents relatifs aux Bibliothèqnes universitaires ou des facultés, suivis de l'Instruction générale concernant le service de ces Bibliothèques.* (Paris, Jules Delalain).
>
> Cette *Instruction*, qui porte la date du 4 mai 1878, a été réimprimée : 1° Dans le *Bulletin administratif du Ministère de l'Instruction publique et des Beaux-Arts*, nouvelle série, t. XXIII, année 1880. PP. 288 à 325 ; 2° Dans le *Recueil des lois, décrets, ordonnances. etc., concernant les Bibliothèques publiques*, p. 117.
>
> Nous avons trouvé, dans les papiers de L. Larchey, l'épreuve (en seconde) d'une autre édition (in-4), épreuve sortant des presses de l'Imprimerie nationale, portant la date du 29 décembre 1877, couverte de corrections de la main de l'auteur, et accompagnée d'un

mot d'envoi de M. Armand du Mesnil, directeur de l'Enseignement supérieur. Elle comprend une trentaine de pages, dont une
table alphabétique des matières.

Nous n'avons pu, malgré nos recherches à la Bibliothèque
Nationale, aux Bibliothèques pédagogique, de la Sorbonne et
du ministère de l'Instruction publique, trouver un exemplaire
de cette édition, qui n'est, d'ailleurs, point mentionnée dans le
Journal de la Librairie.

61. — Le baron Brisse. (A. Quantin, imp.). *S. l. n. d.*, (1882),
in-4.

> 1 f. n. ch., (faux-titre) ; 18 pp., y compris le titre encadré et
> orné, et 1 f. blanc.
>
> L'article est signé XXX.
>
> On lit à la page 3 : « La présente notice, publiée par *le Livre,*
> dans sa livraison du 10 février 1882, est tirée à part à 50 exem-
> plaires numérotés. »
>
> Papier vergé teinté.
>
> Photographie du baron Brisse.

62. — Histoire du gentil seigneur de Bayard, composée par
le Loyal serviteur. Édition rapprochée du français moderne, avec une introduction, des notes et des éclaircissements par Lorédan Larchey. Ouvrage contenant 8 planches, 3 titres et une carte en chromolithographie, un portrait en photo-gravure, 34 grandes compositions et portraits
tirés en noir et 187 gravures intercalées dans le texte.
Paris, librairie Hachette et Cie, 79, boulevard Saint-Germain, 79.
(Imp. Émile Martinet), MDCCCLXXXII (1882), gr. in-8.
Couverture imprimée rouge et noir.

> 2 ff., faux-titre (au vo, noms des artistes ayant collaboré à l'ou-
> vrage) ; titre rouge et noir ; XVI pp. comprenant l'introduction,
> le titre, le fac-similé du titre de l'édition originale du Loyal ser-
> viteur, le prologue de l'auteur ; et 540 pp.
>
> Portrait de Bayard, d'après le dessin original de la Biblio-
> thèque de Grenoble. Ce portrait est protégé par un papier fin,
> portant une légende imprimée.
>
> 11 planches et une carte en chromo-lithographie hors texte.
> Les gravures en noir, à pleine page, sont comprises dans la pagi-
> nation.
>
> Publié à 15 fr. Il a été tiré, en outre, des exempl. sur papier
> Whatmann, à 60 fr.

63. — Journal de marche du sergent Fricasse, de la 127e
demi-brigade, 1792-1802, avec les uniformes des armées de
Sambre-et-Meuse et Rhin-et-Moselle, fac-similés dessinés
par P. Sellier, d'après les gravures allemandes du temps,
publié pour la première fois par Lorédan Larchey, d'après
le manuscrit original. *Paris, aux frais de l'éditeur.* (Imp.
Mouillot) 1882. In-12. Couv. illustrée.

> XVI pp., (faux-titre, titre, introduction) ; 228 pp. ; 24 ff. n. ch.,
> (2 planches tirées sur papier teinté ; les deux dernières repliées).
> Édition tirée à 1100 exempl. et publiée à 5 fr.
> Sur la couverture illustrée figurent deux soldats d'infanterie.
> On lit au-dessus : « Mémoires patriotiques » et au-dessous « Jour-
> nal de marche du sergent Fricasse ».

64. — Journal de marche d'un volontaire de 1792, publié pour
la première fois par Lorédan Larchey, d'après le manuscrit original déposé à la bibliothèque de l'Arsenal. *Paris,
à la librairie, 13, quai Voltaire.* (Imp. Mouillot) *S. d.* (1882)
Couv. illustrée. In-16.

> XVI pp. (faux-titre, titre, introduction); et 212 pp.
> Edition populaire tirée à 2200 exempl. et publiée à 2 fr. 50.
> Dans cette édition, la couverture illustrée représente un petit
> tambour de l'armée du Rhin et Moselle, remplaçant les deux
> soldats d'infanterie de l'autre édition. On lit au-dessus :
> « Mémoires patriotiques » et au-dessous : « Journal de marche
> d'un volontaire de 1792 ».

65. — Les cahiers du capitaine Coignet (1799-1815) publiés par
Lorédan Larchey, d'après le manuscrit original, avec gra-
vures et autographe fac-similé. *Paris, librairie Hachette et
Cie, 79, boulevard Saint-Germain, 79.* (Nancy, imp. Berger-
Levrault et Cie) 1883. Couv. illustrée. In-16.

> XXXIX pp. (faux-titre, titre, trois fac-similés de costumes
> militaires, un fac-similé de l'écriture de Coignet, avant-propos);
> 494 pp. et un f. n. ch. (annonce du *Journal de Fricasse*).
> Édition imprimée aux frais de l'auteur, et tirée à 2.800 exempl.
> plus 500 sur papier fort.
> Publiée à 3 fr. 50.

Il a été tiré quelques exemplaires contenant cinq planches supplémentaires (fac-similés d'uniformes du Premier Empire), dont les quatre dernières sont repliées. La couverture de ces volumes porte, à la place de l'adresse de l'éditeur : « Tirage spécial à petit nombre, avec planches supplémentaires. Six francs. »

66. — Les cahiers du capitaine Coignet (1799-1815), publiés d'après le manuscrit original par Lorédan Larchey. Nouvelle édition. *Paris, librairie Hachette et Cⁱᵉ, 79, boulevard Saint-Germain, 79.* (Coulommiers, imp. P. Brodard et Gallois) 1885. In-16.

XXXIV pp. (faux-titre, titre, avant-propos); 494 pp. et 1 f. n. ch.
Édition tirée à 1000 exempl.
Publiée à 3 fr. 50.

67. — Les cahiers du capitaine Coignet (1799-1815) publiés d'après le manuscrit original par Lorédan Larchey. Nouvelle édition. *Paris, librairie Hachette, et Cⁱᵉ, 79, boulevard Saint-Germain, 79.* (Coulommiers, imp. Paul Brodard et Gallois) 1889. Couv. imprimée. In-16.

2 ff. n. ch. (faux-titre et titre); XXXI pp. (avant-propos); et 494 pp.
Édition tirée à 1.000 exempl.
Publiée à 3 fr. 50.

68. — Les cahiers du capitaine Coignet (1799-1815) publiés d'après le manuscrit original, par Lorédan Larchey. Nouvelle édition revue et corrigée. *Paris, librairie Hachette et Cⁱᵉ, 79, boulevard Saint-Germain, 79.* (Coulommiers, imp. Paul Brodard) 1894. In.16.

2 ff. (faux-titre et titre) ; XXXI pp. (avant-propos) ; 494 pp. et 1 f. blanc.
Édition tirée à 1.500 exempl.
Publiée à 3 fr. 50.

69. — Les cahiers du capitaine Coignet (1799-1815) publiés d'après le manuscrit original... 1899. In-16.

Même texte que dans l'édition précédente.

70. — Les cahiers du capitaine Coignet (1776-1850), publiés d'après le manuscrit original, par Lorédan Larchey, illus-

trés par J. Le Blant. *Paris, librairie Hachette et C*^{ie}*, 79, boulevard Saint-Germain, 79.* (Bourloton, Imp. réunies), 1888,
in-4.

> 8 pp. (faux-titre, au v° duquel on lit : « Illustrations de J. Le
> Blant ; dix-huit grands dessins reproduits en héliogravure par
> les procédés de Dujardin, 66 dessins intercalés dans le texte,
> reproduits par les procédés de Guillaume, frères », titre et avant-
> propos ; 294 pp. et 1 f. blanc, n. ch. (nom de l'imprimeur).
> Il a été tiré, de cette édition, 25 exemplaires numérotés, sur
> papier du Japon ; 15 sur papier de Chine.
> Publiée à 30 fr.

71. — Les cahiers du capitaine Coignet (1776-1850), publiés
d'après le manuscrit original, par Lorédan Larchey, avec
96 gravures en couleurs et en noir, d'après les dessins de
Julien Le Blant. *Paris, librairie Hachette et C*^{ie} *79, boulevard Saint-Germain, 79.* (Imp. Lahure). 1900. Couv. impr.
rouge et noir. In-4°.

> VIII pp. (faux titre, titre, avant-propos) ; 288 pp. et 1 f. n. ch.
> (adresse de l'imprimeur).
> 9 gravures en couleur hors texte et 87 en noir.
> Publié à 4 fr. 50.

72. — Les cahiers du capitaine Coignet, publiés d'après le
manuscrit original... 1898. In-4°.

> Même texte que dans l'édition précédente.

73. — Les cahiers du capitaine Coignet (1776-1850), publiés
d'après le manuscrit original par Lorédan Larchey, avec
84 gravures en couleur et en noir, d'après les dessins de
Julien Le Blant. *Paris, librairie Hachette et C*^{ie}*, 79, boulevard Saint-Germnin, 79.* (Imp. Lahure). 1896. Couv. impr.
en couleurs. In-4.

> VIII pp. (faux titre, titre, avant-propos) ; 296 pp. et 1 f.
> blanc. n. ch. (adresse de l'imprimeur).
> 18 gravures hors texte en couleur, et 56 en noir.
> Publié à 15 fr.

74. — The narrative of captain Coignet, soldier of the Empire,
1776-1850, edited from the original manuscript by Lorédan
Larchey, and translated from the french by Mrs. M. Carey,

with one hundred illustrations. *London, Chatto and Windus.* (Printed by Spottiswoode and C^o, London). 1897. Rel. perc. avec titre doré. In-8.

VIII pp. (titre, préface, table) ; et 316 pp.
Frontispice hors texte à la place d'un faux titre ; fac-similé d'une page de l'écriture de Coignet.
Publié à 3 sh. 6 d. (4 fr. 35).
Cette traduction avait paru à New York, en 1890, chez MM. T. Y. Crowell et Cie, qui, cédèrent ensuite leurs clichés à MM. Chatto et Windus, de Londres.

75. — Charles Baissac. Récits créoles. *Paris, H. Oudin et Cie, libraires-éditeurs, 51, rue Bonaparte (Poitiers, 4, rue de l'Eperon, 4).* (Typ. Oudin), 1884. Couv. impr. In-12.

Avant-propos signé " Lorédan Larchey " (pp. V à IX).

76. — Les suites d'une capitulation, relations des captifs de Baylen et de la glorieuse retraite du 116e régiment. Extraits choisis par Lorédan Larchey. *Paris,* (Bruxelles, imp. Th. Lombaerts) 1884. Couv. impr. In-12.

XXXII pp. (faux-titre, titre et introduction) ; 231 pp. et 1 p. n. ch. (ordre des matières)
Édition tirée à 2200 exempl.
Publiée à 2 fr. 50 ; rel. percaline, 3 fr.

77. — La Lorraine. — *Paris, Berger Levrault et Cie, libraires-éditeurs, 5, rue des Beaux-Arts, 5. Même maison à Nancy.* (Nancy, impr. Berger-Levrault et Cie), 1886. Couv.impr. In-4.

Lorédan Larchey est l'auteur de la partie de cet ouvrage intitulée *Ancienne Moselle, le pays messin* (pp. 1 à 220).
Une note manuscrite de lui nous apprend que, dans cet ouvrage, toutes les illustrations ne provenant point d'anciens clichés, sont dues à sa plume.

78. — Lorédan Larchey. — Nos vieux proverbes. *Paris, 13, quai Voltaire.* (Imp. P. Mouillot). *Novembre 1886.* Couv. illustrée. In-16.

XXXII pp. (faux titre, titre rouge et noir, introduction, index des matières, errata), et 304 pp.
Vignettes dans le texte, exécutées d'après les dessins de l'auteur.

La couverture imprimée porte : « Nos vieux proverbes, choisis par Lorédan Larchey, avec un commentaire plein d'histoires récréatives et 74 gravures nouvelles. Se vendent 7 fr. 50. »

Il a été tiré, en outre, 25 exempl. sur vélin à 10 fr. ; 25 sur papier teinté à 10 fr. ; 25 sur Japon à 12 fr. 50.

Quelques uns de ces proverbes ont paru, avec leurs dessins, dans *le Monde Illustré*, sous le titre général de *Proverbes à compléter*. (V., ci-dessus, l'*Introduction*).

79. — Catalogue des livres et autographes composant la bibliothèque de feu M. Ch. de Mandre. Vente aux enchères publiques du 31 janvier au 9 février 1887, à Paris, 28 rue des Bons Enfants (maison Sylvestre), salle nº 1, au premier, à 8 heures précises du soir, par le ministère de Mᵉ Georges Boulland, commissaire priseur, 26, rue des Petits Champs, assisté de M. A. Claudin, libraire-expert et paléographe, 3, rue Guénégaud (près le Pont-Neuf)..... *Paris, A. Claudin, libraire-expert et paléographe, 3, rue Guénégaud, 3, près le Pont-Neuf.* (Dôle, typ. Ch. Blind). MDCCCLXXXVII. (1887). Couv. impr. In-12.

2 ff. n. ch. (faux titre au vº duquel se trouvent les " Conditions de la vente ", et titre) ; 314 pp., et 1 f. n. ch. (ordre des vacations).

Ce catalogue a été entièrement rédigé par Lorédan Larchey.

80. — Entre Aubure et Dambach (Août 1886) par Lorédan Larchey. *Paris, Berger-Levrault et Cⁱᵉ, éditeurs de la* Revue alsacienne, 5, rue des Beaux-Arts. Même maison à Nancy. (1887). Couv. impr. In-8.

22 pp., y compris le titre, au vº duquel on lit : « Extrait de la *Revue alsacienne.* »

Vignettes dans le texte.

81. — Lorédan Larchey. Souvenirs de mission. Metz, Strasbourg et Colmar (1859-1860). *Paris, Berger-Levrault et Cⁱᵉ, éditeurs de la* Revue alsacienne, *5, rue des Beaux-Arts, 5, même maison à Nancy*, (1888). Couv. impr. In-8.

32 pp. y compris le titre, au vº duquel on lit : « Tirage à part de la *Revue Alsacienne* ».

Vignettes dans le texte.

82. — Ancien armorial équestre de la Toison d'or et de l'Europe au 15e siècle. Fac similé contenant 942 écus, 74 figures équestres, en 114 planches chromotypographiées reproduites et publiées pour la première fois d'après le manuscrit 4790 de la Bibliothèque de l'Arsenal par Lorédan Larchey, l'un de ses conservateurs honoraires. *Paris, Berger-Levrault et C*ie*, éditeurs, 5, rue des Beaux-Arts, 5. Même maison à Nancy.* (Nancy, imp. Berger-Levrault et Cie) MDCCCXC (1890). Cart. In-fol.

> 1 f. blanc ; XXVI pp. (faux titre ; au vo justification du tirage ; titre en quatre couleurs, ordre des matières, « indications nécessaires pour l'intelligence de ce travail », second faux titre, etc) ; 292 pp. et 1 f. n. ch. (achevé d'imprimer).
> 116 planches numérotées ; LXXIV et LXXV sont tirées sur la même planche, XLIX et CXI sont dans le texte (pp. 124 et 252).
> Tiré à 500 ex. numérotés à la presse, dont 5 sur papier du Japon (nos 1 à 5) 450 fr. ; 6 sur papier Whatman (nos 6 à 10), 400 fr. ; 490 sur papier vélin teinté (nos 11 à 500) 200 fr. ; plus 10 ex. pour l'auteur.
> « Pour l'*Armorial*, écrit dans une note Lorédan Larchey, j'ai dû recommencer le trait de tous les fac-similés, qui offraient de grandes difficultés ; il n'était pas assez vigoureux. J'ai préparé également les modèles pour le coloriage, fait non d'après l'aspect actuel terne et dégradé, mais d'après l'aspect probable, à l'origine. »

83. — Les ribaudequins du manuscrit de Colmar. (1890). In-8.

> 8 pp. y compris le titre (titre de départ).
> Extrait de la *Revue alsacienne*.

84. — Mémoires de soldats. Journal du canonnier Bricard, 1792-1802, publié pour la première fois par ses petits-fils Alfred et Jules Bricard, avec introduction de Lorédan Larchey. *Paris, librairie Ch. Delagrave, 15, rue Soufflot, 15,* (Coulommiers, imp. Paul Brodard). 1891. Couv. impr. In-16.

> 2 ff. (faux titre et titre) ; XLIV pp. (introduction) ; 487 pp. et 4 ff. n. ch. (pièces justificatives, errata, table des matières).
> Publié à 3 fr. 50.

85. — Extrait du « Journal du canonnier Bricard » La discipline aux armées de la première République, 1794-1796.

Publié par les petits-fils de l'auteur, Alfred et Jules Bricard
39, rue de Richelieu. Paris. (Coulommiers, imp. Paul Brodard) *s. d.* Couv. illustrée. In-16.

> 12 pp. (faux titre imp. noir et bistre, costumes militaires); 1 f.
> (titre) ; XVII pp. (introduction signée *Lorédan Larchey*) ; 1 p.
> n. ch. ; 128 pp.; 2 ff. n. ch. (erratum).
>
> Les uniformes reproduits sont extraits du *Journal de Fricasse.*

86. — Mémoires de soldats. Journal du canonnier Bricard,
1792-1802..... Deuxième édition... 1891. Couv. illustrée
(portrait). In-16.

> Même texte que dans l'édition originale.
>
> Il a été tiré de cette seconde édition, douze exemplaires numé-
> rotés sur papier du Japon. Au verso du faux titre du n° 1, a été
> imprimé ce qui suit :
>
> « *Offert à Monsieur* LORÉDAN LARCHEY, *par les petits fils de
> l'auteur, qui ne sauront jamais trop le remercier de son précieux
> concours à la publication du* Journal du canonnier Bricard, *pour
> lequel il a dépensé son talent et son temps d'une façon toute
> désintéressée.*
>
> *Hommages respectueux de ses très reconnaissants et très
> dévoués.*
>
> A. ET J. BRICARD (signatures manuscrites). »

87. — L'esprit de tout le monde, compilé par Lorédan Lar-
chey. Joueurs de mots. *Berger-Levrault et Cⁱᵉ, éditeurs,
Paris, 15, rue des Beaux-Arts. Nancy, 18, rue des Glacis.*
(Nancy, impr. Berger-Levrault et Cⁱᵉ) 1892. Couv. impr.
In-18.

> XXXVII pp. (faux titre ; au verso, les « Additions de la der-
> nière heure » ; titre et introduction ; 1 f. n. ch. « (Ordre des
> joueurs de mots) » ; 358 pp. et 1 f. n. ch. (annonces de librairie).
> Publié à 3 fr. 50.

88. — L'esprit de tout le monde, compilé par Lorédan Larchey. Riposteurs. *Berger-Levrault et Cⁱᵉ, éditeurs, Paris, 5,
rue des Beaux-Arts. Nancy, 18, rue des Glacis.* (Nancy, imp.
Berger-Levrault et Cⁱᵉ), 1893. Couv. impr. In-18.

> XXVIII pp. (faux titre ; au verso : « Avis nécessaire » ; titre,
> avant-propos) ;et 336 pp.
>
> La couverture porte : *Deuxième série.*
>
> Publié à 3 fr. 50.

89. — Œuvres complètes de Pierre de Bourdeille abbé et seigneur de Branthôme, publiées pour la première fois selon
le plan de l'auteur, augmentées de nombreuses variantes
et de fragments inédits, suivies d'une table générale avec
une introduction et des notes par M. Prosper Mérimée, de
l'Académie française, et M. Louis Lacour, archiviste-paléographe. *Paris, librairie Plon. E. Plon, Nourrit et C*ie*, im-
imprimeurs-éditeurs, rue Garancière, 10.* 13 vol. Couv. per-
cal. (Bibliothèque Elzévirienne). In-16.

> L'achèvement du tome XI (paru en 1891); les tomes XII (1894)
> et XIII (1895) sont l'œuvre de Lorédan Larchey, qui les exécuta
> après le décès de Louis Lacour (V. notre *Introduction*).
> Publiés à 6 fr.

90. — Le docteur P. Silbert, souvenirs réunis par sa famille.
Aix, imp. et lith. J. Remondet-Aubin, cours Mirabeau, 53.
1895. Couv. impr. In-8.

> Reproduction d'articles nécrologiques. Celui du *Mémorial d'Aix*
> (28 novembre 1895), intitulé : *Le Docteur Silbert*, est signé
> « Lorédan Larchey » (pp. 23 à 51)

91. — Charles Mehl (1831-1836). Nancy, imprimerie Berger-
Levrault, 1896. Couv. imprimée, bordée de noir. In-8.

> Cette brochure contient, pp. 9-25, un article nécrologique
> intitulé *Charles Mehl, souvenirs personnels,* signé *Lorédan
> Larchey,* Il avait d'abord paru dans *l'Alsacien-Lorrain* des 8-10
> janvier 1897.
>
> Charles Mehl fut un des meilleurs amis de L. Larchey qui,
> après avoir parlé de l'appui dont la *Revue anecdotique* lui avait
> été redevable, poursuit dans les termes suivants : « Charles
> Mehl avait le rare ensemble des qualités du directeur de *Revue.*
> On le vit bien par la *Revue Alsacienne* qu'il dirigeait dès la
> longue maladie de Seinguerlet... On lui doit aussi une seconde
> édition, sérieusement augmentée, de la bibliographie de Cohen
> (*Livres à vignettes*). A Strasbourg, il avait pris une part active
> à la fondation du journal quotidien *L'Impartial.* Il avait publié
> pour son compte le *Bibliographe Alsacien*, avec des soins et
> un goût qui en faisaient un petit modèle du genre. Il a préparé
> une table de la *Correspondance de Métra.* On ne saurait nombrer
> ce qu'il revit de manuscrits à la prière des auteurs... Le nom
> de son ami Laqniante figura seul, dans *Un hiver à Paris sous le
> Consulat,* mais les notes sont de Mehl, et elles sont excellentes... »

92. — Monde féodal. Europe, XVe siècle. Costumes vrais, fac-similé de 50 mannequins de cavaliers en grande tenue héraldique, d'après le manuscrit d'un officier d'armes de Philippe le Bon, duc de Bourgogne. 1429-1467. *Paris.* (Typographie E. Plon, Nourrit et Cie), 1899. Couv. sans titre. In-8.

> XII pp. (faux titre, au v° duquel on lit : « En préparation : Costumes vrais. Cent fac-similés d'uniformes. 1792-1815 », titre, introduction) ; 102 pp. et 1 f. n. ch.
>
> Reproduction, en noir, de cinquante cavaliers chromolithographiés dans l'*Armorial de l'Europe au 15e siècle* (v. ci-dessus le n° 82).
>
> Sous chacune des figures, qui occupent le recto des feuillets, se trouve une légende explicative, et la pagination suit, de deux en deux pages.
>
> Dans quelques exemplaires, la couverture est entourée d'un papier gaufré.
>
> Publié à 4 fr.

93. — Ardouin Dumazet, ancien sous-officier du corps franc des Vosges. Le colonel Bourras et le corps franc des Vosges, 2e édition, augmentée d'une notice sur le lieutenant Marquiset, par Lorédan Larchey. *Librairie militaire Berger Levrault et Cie, Paris, 5, rue des Beaux-Arts. Nancy, 18 rue des Glacis.* (Imp. Berger Levrault), 1893. Couv. illustrée.

> 4 pp. (faux titre et titre) ; et 95 pp.
>
> La notice de L. Larchey sur le lieutenant Marquiset forme le chapitre III de cet ouvrage, et va de la page 75 à la page 95.

94. — Inventaire de la pharmacie de l'hôpital Saint-Nicolas de Metz (27 juin 1509), publié pour la première fois par le Dr Paul Dorveaux, bibliothécaire de l'Ecole supérieure de pharmacie de Paris, avec une préface par M. Lorédan Larchey. *Paris, H. Welter, libraire, 59 rue Bonaparte, 59. Nancy, Didot frères, libraires, 3 rue Raugraff, 3.* (Dijon, imp. Jacquot et Floret), 1894. Couv. impr. In-12.

> Préface signée *Lorédan Larchey* (pp. 5 à 12).

95. — Lorédan Larchey. Douze marseillaises. *Paris, bureaux*

de la revue Biblio-iconographique, 9, faubourg Poissonnière,
(Laval, imp. E. Jamin) 1897. Couv. imp. In-16.

> 3 ff. n. ch. ; (faux titre, au verso duquel on lit : « Vingt-cinq exemplaires numérotés 1 à 25, non mis dans le commerce ») ; et 26 pp.
>
> Le titre de la couverture, les ff. n. ch. et le texte sont entourés d'un filet rouge.
>
> Extrait de la *Revue Biblio-iconographique*, de 1896.

96. — Eugène Asse, homme de lettres, bibliothécaire à l'Arsenal, 25 Mars 1830 — 1er Février 1901. Paris, 1901. Couv. imprimée, bordée de noir. In-8.

> 21 pp. y compris le faux titre, au v° duquel on lit : « Extrait du *Bulletin du Bibliophile,* tiré à cent exemplaires » ; le titre, « Eugène Asse, souvenirs personnels » signés Lorédan Larchey, quelques pages de M. Georges Vicaire, renfermant une bibliographie sommaire de l'œuvre d'Eugène Asse et les paroles d'adieu prononcées, à ses obsèques, par M. Henry Martin ; et 1 f. bl. n. ch. (adresse de l'imprimeur).
>
> Il a été tiré, sur papier de Hollande, cinq exemplaires de cette brochure.

97. — Fragments de souvenirs : Le boa de Baudelaire. — L'impeccable Banville —, par Lorédan Larchey, conservateur honoraire à la bibliothèque de l'Arsenal. *Paris, librairie Henri Leclerc, 219 rue Saint-Honoré, 219, et 16 rue d'Alger.* (*Vendôme, impr. F. Empaytaz*) 1901. Couv. impr. In-8.

> 17 pp. y compris le faux titre, au v° duquel on lit : « Extrait du *Bulletin du Bibliophile,* tiré à trente-cinq exemplaires », et le titre ; 1 f. n. ch. (adresse de l'imprimeur).
>
> De ces trente-cinq exemplaires, cinq ont été tirés sur papier de Hollande.

II

PÉRIODIQUES

Nota. — Nous abandonnons, ici, l'ordre chronologique, pour suivre l'ordre alphabétique, plus propre à faciliter les recherches dans les périodiques.

Nous signalons, dans la limite du possible, les articles de L. Larchey

publiés sous le voile de l'anonyme, ou sous un pseudonyme. Mais
quand cette indication ne peut se faire, nous nous bornons à citer
l'année où ils ont paru.

98. — L'Abeille impériale, journal de la Cour.

1853.
Tome I. — Petits voyages dans une grande bibliothèque.
Les gueux en Italie.
Tome II. — Théâtres et bibliographie.
1854.
Tome III. — Théâtres.

99. — Almanach Hachette.

1896, 1897, 1898. — « Quelques noms célèbres de l'année, leur
origine et leur signification. »
En 1899, 1900, 1901, ce titre est modifié de la manière suivante :
« Quelques noms de l'année, recherches historiques et philolo-
giques sur leur signification, par Lorédan Larchey ».

100. — L'Alsacien-Lorrain.

8-10 Janvier 1897. — Charles Mehl (souvenirs personnels).
Il a été fait, de cet article, une réimpression, avec quelques
remaniements. V. ci-dessus le n° 91.

101. — L'Ami de la religion.

1859.

102. — L'Athenœum français, revue universelle de la littéra-
ture, de la science et des beaux-arts.

1854 à 1857. — Bibliographie.

103. — L'Avenir de Menton.

1886-1901.

Le seul article de L. Larchey que nous ayons trouvé signé en
toutes lettres, dans ce journal, est intitulé *Mentonia, relevé de
quelques citations curieuses concernant l'histoire de Menton*
(numéros des 19 janvier et 23 février 1901). Mais une série
Anciens hôtes de Menton, comprend des articles qu'il a signés
X..., sur *Armand Hayem* (28 Novembre 1896) ; *Hippolyte Auger*
(12 et 19 Décembre) ; *Le commandant Sautier* (31) ; *Jean
Gigoux* (9 et 30 Janvier 1897) ; *Alexandre Mouttet* (6 Février).

104. — Le Bibliophile français.

1868-1869. — « Nouveautés anecdotiques ».

105. — Le Bibliophile de Provence.

1895. — La queue de la Marseillaise.

106. — Bibliothèque universelle de Genève.

1853. — Les *Mémoires d'un bourgeois de Paris*, par le docteur L. Véron.
1855. — Un mois à Constantinople.

Anonyme. Réimprimé en 1856 et 1857. (V. ci-dessus n°³ 2 et 3).

107. — Bibliothèque universelle et Revue suisse.

1875. — *Rapport au ministre sur la collection des documents inédits de l'histoire de France et sur les actes du Comité des Travaux historiques*, par M. le baron de Watteville. (Paris, imp. nat., 1874).

Compte-rendu signé L. L.

108. — Le Bulletin du Bibliophile.

1901. — Eugène Asse, souvenirs personnels.
Le boa de Baudelaire, fragment de souvenirs.
L'impeccable Banville, fragment de souvenirs.
1902. — A propos du prix Pellechet.

109. — Correspondance slave (1).

1871. — Correspondance parisienne.

110. — Le Correspondant.

1893, 10 Mars. — L'Angleterre et la Triple Alliance, à propos de *l'Angleterre devant ses Alliés*, par Paul Cottin.
Anonyme.

111. — Le Courrier de la Moselle.

21 octobre 1858-4 mai 1859. — Chronique parisienne.

112. — Le Courrier de Paris.

6 mars - 8 mai 1859. — Chronique parisienne.

---

(1) Journal bi-hebdomadaire, paraissant à Prague (Bohême).

113. — Echos d'Alsace-Lorraine.

1er juillet 1874. — Souvenirs historiques. Un empereur à Metz, en 1474.

114. — Le Figaro.

Juillet-août 1866. — « Le pour et le contre. »
Ces articles sont signés « Mairobert. »

115. — La Gazette anecdotique.
1876-1877.

116. — L'Illustration.

18 novembre 1876-10 mars 1877. « Votre nom ? Causeries d'un chercheur. » Elles alternent avec une « Revue anecdotique » anonyme, dont l'auteur est Lorédan Larchey.

117. — L'Impartial du Rhin.

1866. — Libri. (V. ci-dessus le n° 43).
1867-1869. — Lettres parisiennes.

118. — L'Intermédiaire des chercheurs et des curieux.

10 septembre 1891. — La crise de la Librairie, lettre d'un libraire de province à M. le directeur de l'*Intermédiaire.*
Anonyme. Imprimé sur la couverture de la livraison.
25 août 1891. — Actualités. Le choix des Bibliothécaires.
Imprimé sur la couverture de la livraison.
L. Larchey a, en outre, collaboré aux « Réponses » de l'*Intermédiaire.*

119. — Le Journal des Arts.

25 septembre 1891. — La question des Echanges (Echanges de musée à musée).
Signé L. L.

120. — Le Journal officiel.
1873-1876.

121. — Le Livre.

10 Février 1882. — Le baron Brisse. (V. ci-dessus le n° 61.)

122. — Le Livre et l'Image, revue documentaire illustrée.
1893. — Une lettre de Billaud-Varenne, d'après Alfred Bégis.
La mort de la Le Couvreur, d'après M. Monval.

123. — Le Magasin pittoresque.

1868. — Une rhétorique de demoiselles.
Anonyme.

124. — Le Mémorial d'Aix.

1892. — Collaboration sous le nom d'*Aper*.
1894 à 1896. — Collaboration sous l'initiale X.
1900 et 1901. — « Ce que veulent dire les noms aixois. » (Articles signés).

125. — Le Messin.

1900 et 1901.

126. — Le Monde illustré.

1864-1865. — Chronique signée *Alter*.
1865-1872 et 1885-1887. — « Revue anecdotique. »
Sous le titre général *Les Anecdotiers de l'Empire*, Lorédan Larchey a publié, dans *le Monde Illustré*, des extraits de mémoires du Premier Empire dont « la série a commencé le 9 Juin 1866, continué le 25 Août, pour reprendre chaque semaine, du 15 Septembre 1866 au 9 Février 1867, sans interruption. Elle a recommencé le 30 Octobre 1867, chaque semaine, pour aller sans interruption jusqu'au 29 Janvier 1870 inclusivement, puis du 25 Juillet au 13 Août. Elle aurait été beaucoup plus loin, si la Direction du journal l'avait trouvé bon. Des extraits de Mémoires de la première République ont paru, ensuite, du 12 Novembre au 25 Décembre 1871, mais cette série n'a pas été continuée. » (Extrait d'une lettre de L. Larchey à M. Albert Lumbroso).

127. — Le Moniteur de l'Armée.

1858-1859.

128. — Le Moniteur des Communes (Versailles).

Avril 1871. — « Nouvelles de Paris. »
Anonymes.

129. — Le Moniteur du Bibliophile.

1878.

130. — Le Moniteur universel.

Collaboration de 1869 à 1871, en 1876-1877, en 1887-1891.
Comptes rendus bibliographiques (la plupart anonymes); chroniques et variétés.

En Juillet et Août 1870, L. Larchey adressa au journal, de la frontière de l'Est où il avait été envoyé, une correspondance relative au début des hostilités de la guerre franco-allemande.

En Février et Mars 1871, articles relatifs à la guerre, et « Variétés. »

131. — La Mosaïque, revue pittoresque illustrée de tous les temps et de tous les pays. Première année, achevée d'imprimer en décembre 1873. 1873. *Paris, bureaux de la Mosaïque, 11, quai Voltaire.* In.-4.

Fondée par L. Larchey qui en abandonna, à partir de Juillet 1873, la direction à M. Eugène Muller, la *Mosaïque* paraissait, chaque semaine, par livraisons de 8 pp., et formait, chaque année, un volume de 400 pp., environ. Sa collection complète se compose de 6 volumes (1873-1878).

Voici la description du tome I :

2 ff. (faux titre au v° duquel se trouve une note relative à la *Revue,* titre) ; 400 pp. et 2 ff. n. ch. (table par ordre alphabétique et table par ordre des matières).

Prix du volume broché, 7 fr. ; relié, 8 fr. 50 et 10 fr.

Abonnements : un an 7 fr. ; six mois 3 fr. 50.

Prix des livraisons hebdomadaires, 15 cent.

Nous lisons, sur le premier feuillet d'un exemplaire du tome I, la note manuscrite suivante de L. Larchey : « Mon premier numéro est celui qui a passé le second ; on m'a imposé les gravures du premier, qui valaient moins. »

132. — Le Musée universel, revue illustrée hebdomadaire.

1872. — Tome I : pp. 35 à 246, articles divers. P. 414 : Les noms de famille et leur explication.

Tome II, p. 257 : Les types de Paris ; le rat de Bibliothèque.

133. — La Nature.

6 décembre 1890. — La vapeur employée comme force motrice à Constantinople, au VIᵉ siècle.

2 mai 1891. — Le Moustique, étude pratique.

134. — Paris Magazine.

1867. — « Histoire et actualités ».

135. — Petit bulletin du Bibliothécaire. *Paris, Frédéric Henry,
12, galerie d'Orléans, Palais Royal.* (Imp. E. de Soye), 1866,
in-8.

> Ce périodique, entièrement rédigé par Lorédan Larchey, n'eut
> que quatre numéros de huit pages chacun : le nᵒ 1 porte la date
> d'avril 1866 (pp. 1 à 8) ; le nᵒ 2 celle de mai (pp. 9 à 16) ; le nᵒ 3
> celle de juin (pp. 17 à 24) ; et le nᵒ 4 celle de juillet (pp. 25 à 32).
>
> Le prix de l'abonnement, fixé à 4 francs sur la couverture des
> nᵒˢ 1 et 2, fut abaissé à 2 fr. 50 à partir du nᵒ 3.
>
> Tiré à 500 exemplaires.

136 — Le Petit Marseillais.

> 1890-1891.

137 — Le Petit Moniteur universel.

> 1869 à 1871 ; 1875 à 1878.
> Les articles de l'année 1875 signés XXX, sont de L. Larchey.

138 — La Petite Presse.

> 1868.
> D'après une note manuscrite de L. Larchey, la « Chronique »,
> de ce journal, en 1868, quoique signée d'un autre nom, a été
> rédigée par lui.

139 — La Presse illustrée.

> 1872-1873.
> D'après une note manuscrite de L. Larchey, cette feuille a été
> entièrement rédigée par lui, pendant ces deux années, quoique
> sous un autre nom.
>
> Le seul article portant sa signature se trouve dans le numéro
> du 2 novembre 1872.

140 — Le Progrès de Lyon.

> 1864. — « Correspondance littéraire. »

141 — Revue alsacienne.

> 1886-87. — Le Vapereau de la Moselle (signé L. L.).
> Les *Souvenirs d'un dragon*, par Charles Mismer. (Compte-
> rendu, signé L. L.).

1887-88. — Entre Aubure et Dambach (août 1886).
1888-89. — Souvenirs de mission (Metz, Strasbourg, Colmar).
Le patriotisme en Alsace-Lorraine, antérieurement à Jeanne d'Arc, par le comte de Pange. (Compte-rendu).
1890. — L'histoire et la légende.
Les ribaudequins du manuscrit de Colmar.
La cuisine au pays de Metz.
Il y a vingt ans.

142 —

LA REVUE ANECDOTIQUE

(1855-1862)

TOME I

Revue anecdotique des Lettres et des Arts, paraissant le 5 et le 20 de chaque mois. Documents biographiques de toute nature. — Nouvelles des librairies et des théâtres — Bons mots — Satires — Epigrammes — Excentricités littéraires de Paris et de la Province — Bouffonneries de l'annonce — Prospectus rares et singuliers. — Année 1855. Premier volume (De Soye et Bouchet impr.) On s'abonne à la librairie rue de Seine 11, Paris. In-12. Couv. impr. (1)

XII pp. (faux titre, titre, avertissement, table) ; et 420 pp. allant d'Avril à Décembre 1855.

(1) Les couvertures de la *Revue anecdotique* sont imprimées. Toutefois, sur quelques-unes, le titre est remplacé par un dessin de Célestin Nanteuil, représentant un génie, ailes éployées, élevant de sa main droite une lanterne qui éclaire la scène humaine, et tenant une baguette de sa main gauche. On lit au-dessus : « Fondée le 1er Avril 1855 » ; et au-dessous : « Tirée à très petit nombre, pour quelques amateurs. »

Les livraisons paraissaient le 5 et le 20 de chaque mois, en une brochure de 24 pp. Prix de la livraison : 30 cent.

Prix des volumes semestriels : 2 fr. 50.

Prix de l'abonnement d'un an : 5 fr.

Des exemplaires ont été tirés sur papier de Hollande.

TOME II

Revue anecdotique... Anecdotes du jour, curiosités littéraires
de Paris et de la Province. — Nouvelles des théâtres et des
librairies — Prospectus rares ou singuliers — Documents
bibliographiques. Année 1856. Second volume...

VII pp. (faux titre, titre, table); et 280 pp.

TOME III

Revue anecdotique des excentricités contemporaines. Année
1856. Troisième volume...

VII pp. (faux titre, titre, table); et 280 pp.

TOME IV

Revue anecdotique... Année 1857. Quatrième volume...

VII pp. (faux titre, titre, table); et 280 pp.

TOME V

Revue anecdotique des excentricités contemporaines, paraissant tous les dix jours. Curiosités littéraires de Paris et de
la Province — Petits documents biographiques — Circulaires
rares ou bouffonnes — Complaintes et vaudevilles — Nouvelles des librairies et des théâtres. Année 1857. Cinquième
volume...

VII pp. (faux titre, titre, table) ; et 280 pp.

TOME VI

Revue anecdotique... Premier semestre. Année 1858. Sixième
volume.

VIII pp. (faux titre, titre, table); et 356 pp.

TOME VII

Revue anecdoctique... Deuxième semestre. Année 1858. Septième volume....

> VII pp. (faux titre, titre, table); et 303 pp.
> Dans ce volume, la pagination continue celle du tome VI, et va du numéro 357 au numéro 660.

TOME VIII

Revue anecdoctique... Premier semestre. Année 1859. Huitième volume.

> VIII pp. (faux titre, titre, table); et 280 pp.

TOME IX

Revue anecdotique... Second semestre. Année 1859. Neuvième volume.

> VIII pp. (faux titre, titre, table); et 280 pp.
> A ce volume s'annexe une « Table générale des neuf premiers volumes composant la première série de la *Revue anecdotique.* » Cette table comprend : 1 f. (faux titre, au verso duquel on lit : « Paris, typ. de Henri Plon, imprimeur de l'Empereur, 8 rue Garancière »); et XXXVIII pp., y compris le titre (titre de départ).

TOME X

Revue anecdotique... Curiosités littéraires de Paris et de la Province. — Circulaires rares ou bouffonnes. — Complaintes et vaudevilles. — Nouvelles des librairies et des théâtres. Premier semestre. — Année 1860. Nouvelle série. Tome 1er. *On s'abonne rue de la Ferme des Mathurins, no 15, à Paris.*

> XI pp. (faux titre au vo duquel on lit : « Xe volume de la collection », titre, table); et 276 pp.
> On lit, à la page 276 : « ... Cinquante exemplaires sur papier vergé, de ce premier semestre et de la Table générale, sont actuellement en vente au prix de 4 franc. »

TOME XI

Revue anecdotique... Deuxième semestre. — Année 1860.
Nouvelle série. — Tome II...

> VIII pp. (faux titre, au v° duquel on lit : « XI° volume de la
> collection », titre, table); et 280 pp.

TOME XII

Revue anecdotique... Premier semestre. — Année 1861.
Nouvelle série. — Tome III...

> VIII pp. (faux titre, au verso duquel on lit : « XII° volume de
> la collection », titre, table) ; et 280 pp.

TOME XIII

Revue anecdotique... Curiosités littéraires de Paris et de la
Province. — Circulaires rares ou bouffonnes. — Complaintes et vaudevilles. — Nouvelles des librairies et des
théâtres. Deuxième semestre. — Année 1861. — Nouvelle
série. — Tome IV...

> VII pp. (faux titre, au v° duquel on lit : « XIII° volume de la
> collection », titre, table) ; et 280 pp.

TOME XIV

Revue anecdotique... Deuxième (premier) semestre. — Année 1862. Nouvelle série. — Tome V... *On s'abonne chez
Poulet-Malassis, rue Richelieu, 97, à Paris.* (Typ. de Poupart-Davyl et comp.).

> VII pp. (faux titre, au v° duquel on lit : « XIV° volume de la
> collection », titre, table) ; et 288 pp.

TOME XV

Revue anecdotique... Deuxième semestre — Année 1862.
Nouvelle série — Tome V... (VI). *On s'abonne chez Poulet-
Malassis, rue Richelieu, 97, à Paris. Se trouve à la librairie
Richelieu, chez René Pincebourde, rue Richelieu, 78* (typ. de
Poupart-Davyl et comp.).

> VI pp. (faux titre, au v° duquel on lit : « XIV (XV°) volume de
> la collection. Paris, imp. Émile Voitelain », titre, table) ; et
> 208 pp.

LORÉDAN LARCHEY

143 —

LA PETITE REVUE

(1863-1867)

TOME I

11 novembre 1863 au 14 février 1864. La Petite Revue. Premier trimestre. *Paris, librairie Richelieu, 78, rue Richelieu, René Pincebourde, éditeur.* (Imp. Émile Voitelain). Couv. imp. (1). In-16.

>2 ff. (faux titre et titre) ; et 212 pp., y compris la table. Tirage à 1000 exempl.

TOME II

14 février au 14 mai 1864. La Petite Revue. Deuxième trimestre...

>2 ff. (faux titre et titre); et 224 pp., y compris la table.

TOME III

21 mai au 13 août 1864. La Petite Revue. Troisième trimestre...

>2 ff. (faux titre et titre); et 203 pp., y compris la table.

---

(1) Dans quelques collections, les volumes de *La Petite Revue* sont revêtus d'une couverture en papier « escargot » sur laquelle est collée une étiquette portant un titre imprimé.

Sur la couverture des livraisons hebdomadaires, le titre est ainsi modifié : « La Petite Revue, par les rédacteurs de l'ancienne *Revue anecdotique* (1855-1861), paraissant le samedi ».

Abonnements : 5 fr. par semestre, 10 fr. par an.

Prix du volume trimestriel : 3 fr.

TOME IV

13 août au 12 novembre 1864. La Petite Revue. Quatrième trimestre....

> 2 ff. (faux titre et titre) ; et 203 pp., y compris la table.

TOME V

19 novembre 1864 au 11 février 1865. La Petite Revue. Cinquième trimestre...

> 2 ff. (faux titre et titre) ; et 203 pp., y compris la table.

TOME VI

18 février au 13 mai 1865. La Petite Revue. Sixième trimestre...

> 2 ff. (faux titre et titre) ; et 204 pp., y compris la table.

TOME VII

13 mai au 12 août 1865. La Petite Revue. Septième trimestre...

> 2 ff. (faux titre et titre) ; et 203 pp., y compris la table.

TOME VIII

12 août au 11 novembre 1865. La Petite Revue. Huitième trimestre...

> 2 ff. (faux titre et titre) ; et 204 pp., y compris la table.

TOME IX

11 novembre 1865 au 10 février 1866. La Petite Revue. Neuvième trimestre...

> 2 ff. (faux titre et titre) ; et 216 pp., y compris la table.

TOME X

10 février au 12 mai 1866. La Petite Revue. Dixième trimestre...

> 2 ff. (faux titre et titre) ; et 220 pp., y compris la table.

TOME XI

12 mai au 11 août 1866. La Petite Revue. Onzième trimestre...

> 2 ff. (faux titre et titre) ; et 208 pp., y compris la table.

TOME XII

11 août au 10 novembre 1866. La Petite Revue. Douzième et dernier trimestre...

> 2 ff. (faux titre et titre) ; et 215 pp., y compris la table.

TOME XIII

Année 1867. Nos 1 à 10, du 1er janvier au 15 mai. — No 1, du 10 septembre. La Petite Revue anecdotique (volume supplémentaire — Tome XIII de la collection)...

> 2 ff. (faux titre et titre) ; et 160 pp., plus 3 pp. foliotées 17, 18 et 19, pour la table.

> Avec le tome XIII finit *La Petite Revue* de Lorédan Larchey.

> Un de ses collaborateurs, Albert de la Fizelière, tenta de la continuer, mais ne fit paraître que quelques numéros, chez MM. Cadart et Luce, 58, rue Neuve des Petits Champs, où les bureaux avaient été transportés.

> Elle fut reprise, en 1870, par Albert de la Fizelière, mais disparut définitivement le 15 août de la même année.

144 — Revue biblio-iconographique.

> 1895. — Toujours de même.
> Pages oubliées : une lettre de Mme de Châteauroux.
> 1896. — Toujours de même (suite).
> Douze Marseillaises.
> 1897. — Les précurseurs du livre moderne : Pierre Jannet.
> Internationalisme et bibliothèques.
> 1898. — Les vols de Libri.
> 1900. — Feu Tricotel.
> Relié en peau de vierge.
> 1901. — L'occasion perdue, vieux souvenir.
> Un bibliothécaire excentrique (Vivès).
> Fernuche, souvenirs de jeunesse.
> 1902. — Fernuche (suite et fin).

145. — Revue bleue.

19 Juillet 1890. — Les Mémoires de Talleyrand d'après lui-même
et les Mémoires contemporains.

26 Septembre 1891. — La Censure et l'Opéra.

14 Novembre 1891. — Les Curés de campagne et leurs sei-
gneurs, avant 1789.

146. — Revue britannique.

1894. — Un capitaine philosophe. (d'après les *Cahiers du capitaine Laugier*, publiés par Léon-G. Pélissier).

1894. — Un collège de Jésuites aux dix-septième et dix-hui-
tième siècles (d'après *L'Enseignement en Provence avant la
Révolution. Annales du Collège royal Bourbon d'Aix*, par l'abbé
Edouard Méchin).

1896. — Anciennes et nouvelles Universités (d'après l'*Histoire
de l'ancienne Université de Provence*, par F. Belin).

Signé : Y.

147. — Revue de cavalerie.

Novembre 1886 et Janvier 1887. — Documents pour servir à
l'histoire anecdotique des régiments de cavalerie.

Sous le dessin reproduit en cet article, se trouve, dans notre
exemplaire, la note manuscrite suivante de L. Larchey : « On
n'a point mis ma légende explicative ; celle-ci est fautive et
incomplète. »

148. — Revue contemporaine.

1856-1857. — « Revue critique » (des livres).

149. — Revue européenne.

Janvier-Février 1860. — *Le tombeau de Childéric 1er, roi de
France*, par l'abbé Cochet. (Compte-rendu).

Mai-Juin. — Essai sur les origines de l'artillerie.

150. — Revue de l'Orient, de l'Algérie et des Colonies.

1857. — Un mois à Constantinople.

Réimpression des éditions de 1855 et 1856 (V. ci-dessus le n° 2).

151. — Revue rétrospective.

1893. — Le secret du banquet des Bouquinistes.

Signé : X.

La vraie défense d'Huningue (1815).

152. — Le Sémaphore de Marseille.

1891-1895.

153. — La Vie littéraire.

1876.

154. — La Vie militaire.

1889-1890. — Pas de capitulation ! (Extraits des relations des captifs de Baylen).

155. — La Vie moderne.

16 Novembre et 18 Décembre 1859. — Chronique. Signée *Enn. Esvépé*.

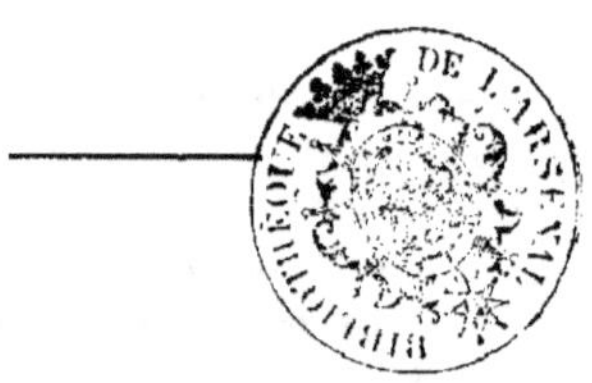

ERRATUM

Page 78 : le paragraphe 28, relatif aux *Gens singuliers*, ne faisant pas partie des *Documents pour servir à l'histoire de nos mœurs*, doit être placé avant cette série.

PARIS-VENDÔME — IMP. G. VILETTE